PEÇA & RECEBA
O Universo Conspira a Seu Favor

CB000978

Solicite nosso catálogo completo, com mais de 400 títulos, onde você encontra as melhores opções do bom livro espírita: literatura infantojuvenil, contos, obras biográficas e de autoajuda, mensagens espirituais, romances palpitantes, estudos doutrinários, obras básicas de Allan Kardec, e mais os esclarecedores cursos e estudos para aplicação no centro espírita – iniciação, mediunidade, reuniões mediúnicas, oratória, desobsessão, fluidos e passes.

E caso não encontre os nossos livros na livraria de sua preferência, solicite o endereço de nosso distribuidor mais próximo de você.

Edição e distribuição

EDITORA EME

Caixa Postal 1820 – CEP 13360-000 – Capivari – SP

Telefones: (19) 3491-7000 | 3491-5449

Vivo (19) 99983-2575 | Claro (19) 99317-2800

vendas@editoraeme.com.br – www.editoraeme.com.br

JOSÉ LÁZARO BOBERG

PEÇA
O UNIVERSO
CONSPIRA A
SEU FAVOR

&RECEBA

Capivari-SP
– 2014 –

© 2014 José Lázaro Boberg

Os direitos autorais desta obra foram cedidos pelo autor para a Editora EME, o que propicia a venda dos livros com preços mais acessíveis e a manutenção de campanhas com preços especiais a Clubes do Livro de todo o Brasil.

A Editora EME mantém o Centro Espírita Mensagem de Esperança e patrocina, com outras empresas, instituições de atendimento social de Capivari-SP.

6ª reimpressão – julho/2020 – Do 11.001 ao 12.000 exemplares

CAPA | Victor Augusto Benatti
DIAGRAMAÇÃO | Marco Melo
REVISÃO | Lídia R. M. Bonilha Curi

Ficha catalográfica

Boberg, José Lázaro, 1942
    Peça e receba – o Universo conspira a seu favor/ José Lázaro Boberg –
6ª reimp. jul. 2020 – Capivari, SP: Editora EME.
    248 p.

    1ª edição jul. 2014
    ISBN 978-85-66805-39-0

1. Conceito de Deus. 2. Poder do pensamento positivo 3. Leis de Deus.
4. Elaborando a própria oração.
I. TÍTULO.

CDD 133.9

SUMÁRIO

Prefácio 7

Introdução 11

PRIMEIRA PARTE

1. Nós somos o Universo...21

2. O Universo quântico..29

3. Pensamento cria vida..43

4. Visualização 59

5. Somos do tamanho de nossos sonhos 67

6. Ainda sobre sonhos..75

7. Cocriadores com o Universo 81

8. Concretizando desejos..91

9. De acordo com a capacidade.....................................99

10. Pensar sempre positivamente 107

11. Domínio da mente sobre a matéria 115

12. Excertos de Emmanuel sobre a força do pensamento 119

13. Ainda sobre excertos de Emmanuel
    sobre a força do pensamento....................................131

14. O 'pensar positivo' funciona mesmo?.....................139

15. Efeitos da religião sobre a saúde.............................151
16. Kardec e a fórmula-padrão de oração.......................163
17. Materialização de nossas orações 171
18. Elabore a sua própria oração..................................177

SEGUNDA PARTE

O Universo concretiza as criações do pensamento 187
Explicações preliminares...189
1. Mentalizando saúde 195
2. Buscando prosperidade..201
3. Abandonando vício 205
4. Praticando perdão...209
5. Conquistando a felicidade no lar.............................215
6. Eliminando o complexo de inferioridade.................219
7. Necessitando de um emprego..................................223
8. Encontrando um cônjuge 227
9. Superando a insegurança e o medo..........................233
Bibliografia 239

PREFÁCIO

QUANDO O DOUTOR Boberg me sugeriu fazer este prefácio, pensei na pergunta que me assaltou, após leitura e revisão deste livro. Pensei, também, na possibilidade de outros leitores fazerem questionamentos semelhantes, por isso resolvi expô-la aqui.

Quero, porém, antes, esclarecer dois conceitos dentre os de que tenho plena convicção. Vamos a eles:

1º – Deus: a questão n.º 1 de O *Livro dos Espíritos* é, por si só, bastante convincente, e não por acaso (sabemos que o "acaso" não existe) é, justamente, a questão que encabeça a codificação: – "Que é Deus?" Segue, então, a resposta dos espíritos, simples, objetiva, que nós, à medida da evolução do entendimento, vamos decodificando com melhores possibilidades interpretativas: "– Inteligência suprema, causa primeira de todas as coisas".

Esta convicção de que Deus "é", isto é, de que existe uma força suprema, uma causa inteligente para efeitos inteligentes, de que esta força não está fora de nós, num céu longínquo, mas, também "em" nós, criaturas de um Supremo Criador, criaturas que, após jornada triunfal do princípio inteligente, conseguimos o "diploma" de "espírito", em cuja consciência foram insculpidas as Leis Morais, e cuja responsabilidade adveio do livre-arbítrio, dá-me segurança quanto à que segue.

2° – "Ajuda-te que o Céu te ajudará." É o mesmo que "Busca e achareis." Como bem explicou o Dr. Boberg "... significa que não devemos nos acomodar à espera de um "pretenso milagre", e sim, erguer a cabeça, apesar dos problemas, fazendo o melhor que pudermos naquele momento" (*Para falar com Deus*, p. 23).

Certamente, o crescimento é um processo pessoal, ninguém pode fazer a parte que a cada um cabe. Nem Deus, nem Jesus! É preciso esforço próprio, é preciso luta, é preciso coragem, mas, por isso mesmo, tem valor, é justo e traz ao caminhante a sensação de dever cumprido. Sensação que representa a verdadeira felicidade. Felicidade relativa, é verdade, uma vez que absoluto, só Deus, entendido como leis inteligentes que a tudo e a todos regem.

Bem, expostos estes pontos que me norteiam o entendimento, vamos à pergunta que, em mim, não queria se calar:

– Onde entram, neste livro, os bons espíritos e sua inestimável ajuda em todos os momentos de nossa vida?

A mim me parecia que a influência espiritual (fosse ela boa ou má) não se fazia presente aqui. Talvez por compor-se de mensagem destinada a crentes e não crentes, ou talvez porque o Dr. Boberg tivesse um modo de entender esta influência espiritual diferente do meu. Não encontrara, inclusive, nenhuma oração pedindo amparo e proteção à espiritualidade maior, no sentido de melhorar os pensamentos, de receber todos os eflúvios benéficos dela oriundos, que nos colocariam em melhores condições de conexão com as benesses que o Universo nos oferece a todos. Tudo bem que aí entra o livre-arbítrio, mas também é de meu livre-arbítrio conectar-me com os queridos mentores, amigos, parentes e espíritos simpáticos que tanta alegria e segurança me trazem, pensava eu.

Por alguns dias, ruminei tudo isto, achando, sinceramente, que o Dr. Boberg deveria ter feito referência aos queridos mentores.

Oração, para mim, só se pudesse conectar-me com eles, pedindo amparo, proteção, luz, orientação, agradecendo...

Todavia, pensando, lembrei-me de outros ensinamentos, dos próprios espíritos, que me fizeram ver a situação com novas lentes. Eis alguns:

Segundo André Luiz: "**Não viva pedindo orientação espiritual, indefinidamente. Se você já possui duas semanas de conhecimento cristão, sabe, à saciedade, o que fazer... Não recorra sistematicamente aos amigos espirituais, quanto a comezinhos deveres que lhe competem no caminho comum.** Eles são igualmente ocupados, enfrentam problemas maiores que os seus, detêm responsabilidades mais graves e imediatas, e você, nas lutas vulgares da Terra, não teria coragem de pedir ao professor generoso e benevolente que desempenhasse funções de ama-seca"... (grifos meus) – lição 18, do livro *Agenda cristã*.

Também, em Emmanuel, encontramos inúmeras lições a respeito: "... caminhando prudentemente, **pela simples boa vontade** a criatura alcançará o Divino Reino da Luz." (grifo meu) – *Pão nosso*, lição 66.

Como nasci em berço espírita, estas mensagens sempre fizeram parte de meus estudos da doutrina, de leituras diárias, porém, somente agora, me dou conta do real sentido: é necessário que, finalmente, aprendamos a caminhar com nossas pernas, sem muletas e a fazer brilhar a própria luz, conforme ensinamento do mestre. Muito embora esta ainda seja "bruxuleante luz", tomando palavras da querida psicoterapeuta espiritual, Joanna de Ângelis, é luz, e cabe-nos desenvolvê-la.

Eu já entendia a necessidade do esforço próprio, conforme expliquei a princípio, mas trabalhar pelo progresso, fazer a minha parte, sem dispensar, de maneira nenhuma, a interferência da espiritualidade, em todas as dificuldades a resolver.

Agora, lendo, refletindo sobre os ensinamentos dos espíritos e do Dr. Boberg, sinto-me como a criança que, tendo aprendido, certo dia, na escola, a letra "A", no caminho de volta para casa, em companhia da mãe, examinando os cartazes, as propagandas nas ruas, exclamou, espantada: – Veja, mãe, encheram a cidade de "A"!

Há, portanto, que se fazer justiça: o Dr. Boberg não errou, nem foi irreverente para com os espíritos, nem lhes negou o auxílio. A oração que fortalece o espírito, que firma as convicções, que conecta quem ora às forças do Universo, é como ele lecionou.

Entendo, também agora, que, em assim fazendo, o indivíduo se coloca em possibilidade de receber o desejado, e, inclusive, com o auxílio da Espiritualidade maior, a qual, melhor que nós, sabe quando e como agir em nosso benefício.

É verdade, Dr. Boberg:

"Para muitos, tendo por objeto a crença religiosa, o atendimento será por um poder externo: Deus, santos, espíritos protetores, anjos de guarda e, por aí afora. No entanto, a fé é uma construção pessoal, ao longo da existência. Podemos entendê-la como o exercício do 'pensar positivo', sem desviar o foco do desejo protocolado. Saliente-se, todavia, que, se você pensar negativo, a fé também funciona." (cap.17, 1.ª parte).

Lídia Regina Martins Bonilha Curi
Professora de língua portuguesa e revisora.

INTRODUÇÃO

DEPOIS DE ESCREVER vários livros, sentimos que poderia ter acrescentado algo, sobre este ou aquele assunto. Temos a impressão de que esta angústia se faz presente também, em outros escritores. Com a evolução, crescemos constantemente, logo, as ideias amadurecem... Parece-nos que sempre existem detalhes a acrescentar, algum exemplo ou algum complemento que poderiam tornar mais claro ou mais completo o pensamento registrado no texto. Mas, ampliar o conteúdo de todos eles, ficaria inviável para a editora em razão de seus custos operacionais, cada vez mais elevados. Então, pensamos em fazer uma *releitura* de alguns textos sobre o mesmo assunto, esparsos em várias de nossas obras e complementá-los, enriquecendo-os com ideias novas que poderiam ser úteis, e que teriam conotações mais práticas na aplicação do cotidiano.

Foi pensando assim que, quando registramos nossas reflexões no livro *Aprendendo com Nosso Lar*, por exemplo, na sua introdução, já afirmávamos: "Os apontamentos que selecionamos para reflexão, neste livro, representam apenas uma parcela ínfima do que se pode extrair deste repositório de sabedoria. Constituem-se, obviamente, fruto da **fase atual de nosso entendimento**, e que, certamente, em outros momentos, outras pérolas preciosas serão desveladas. Em novas releituras, com reflexões mais refinadas, conseguiremos desvendar mais tesouros de eterna grandeza. Entendam, pois, que as reflexões que fazemos correspondem, tão somente, à maturidade espiritual alcançada no estágio de nossa espiral evolutiva".

Há tempos, tencionávamos aprofundar reflexões sobre a importância da *força do pensamento*, e, em especial, sobre a oração, que julgamos de fundamental importância para o enfrentamento dos óbices do cotidiano. Todo problema pode ser solucionado com o tempo, se praticarmos a oração. Quem a pratica realiza, desde que sustente, na mente, o que imagina, isto é, a materialização. E, para tal, temos refletido muito, com leituras de várias obras atuais, espíritas e não espíritas, bem como naquelas que escrevemos, descobrindo novos conceitos que, sendo universais, são úteis a toda criatura, independentemente da fé religiosa. Pelo pensamento passam todas as criações mentais, seja você católico, evangélico, espírita, islâmico ou ateu. E a oração, cada qual de sua forma, é utilizada como recurso de 'protocolos' dos pedidos, junto ao Universo, pois, **as Leis Naturais não mudam, somos nós mesmos que mudamos**, embora *inconscientemente*. Os recursos para tais mudanças, no entanto, não estão fora, mas dentro de nós mesmos, numa ação pessoal, cujos resultados dependem de nossa vontade de mudar.

Assim, debruçamo-nos em analisar os conceitos que expusemos, em especial, nos livros *A oração pode mudar sua vida*, *Para falar com Deus* e *Aprendendo com Nosso Lar*. Também, apoiamo-nos no livro *O poder da fé*, além de outras ideias esparsas nas várias obras espíritas e laicas, com o objetivo de apresentar, de maneira consistente, a visão espírita sobre o assunto. Trata-se de estudos experimentais, voltados para a utilização da força mental em nossos projetos de vida.

Refletimos, assim, sobre a *força do pensamento*, com base nos estudos desenvolvidos pelos físicos quânticos, que trouxeram um volume extraordinário de ensinamentos, a respeito da capacidade que cada ser tem de poder e de dever de construir sua própria vida, amparando-se nas leis do Universo. E, nesta linha de reflexão, pesquisamos a extraordinária obra de Rhonda Byrne, seu *best seller*, *O segredo*; William Arntz e outros, com *Quem somos nós?* – a descoberta das infinitas possibilidades de alterar a realidade diária –, Emmanuel, através de Chico Xavier, com o clássico *Pensamento e vida*; Huberto Rohden, com *Cosmoterapia*, entre outros.

Não podemos 'engessar' a doutrina espírita, tal como fizeram os teólogos da Igreja, substituindo a simplicidade dos ensinamentos de 'Jesus humano', pelo 'Cristo da fé', com enxertia de dogmas, sacramentos e ritualismos, de pura invenção, ao longo dos tempos, com Constantino, no século IV, a partir do Concílio de Niceia. O que os espíritos disseram tem validade eterna? Muitos pensam que sim, sendo visto como um sacrilégio, qualquer tentativa de interpretar de modo diferente. Kardec **não** pensou assim. Com lucidez de espírito perquiridor, próprio de sua personalidade, confessa, em *Obras Póstumas* (KARDEC, Allan. *Obras Póstumas*. 12ª Ed. SP, LAKE, 2007, p. 218), que, "Um dos primeiros resultados das minhas observações foi que os espíritos, não sendo senão as almas dos homens, não tinham **nem a soberana sabedoria**, nem **a soberana ciência**; que seu saber era limitado **ao grau de seu adiantamento**, e que sua opinião tinha apenas o valor de uma **opinião pessoal.** Esta verdade reconhecida desde o princípio preservou-me do grave escolho de crer na sua **infalibilidade**, e me impediu de formular teorias prematuras, sobre o dizer de um único ou de alguns". (Grifamos)

Atentemos, ainda, para a recomendação do codificador da doutrina espírita – sobre a necessidade de a doutrina acompanhar as ciências. Neste foco, chega a afirmar, peremptoriamente: "O espiritismo será científico ou não subsistirá". E ainda, complementando: "O espiritismo marchando com o progresso, jamais será excedido, porque se novas descobertas lhe demonstrarem que está em erro sobre um ponto, ele se modificará nesse ponto. Se uma nova verdade se revela, ele a aceitará". (*A Gênese* – capítulo, I parágrafo 55). Atente para a preocupação de Kardec. Assim, achar que a informação de determinado espírito é imutável, será impedir o crescimento do ser humano, em contínua evolução.

Antes que paire qualquer dúvida quanto ao uso de certas palavras, queremos deixar bem claro que todas as vezes em que citamos na obra, termos como: Universo, Leis Naturais, Leis Divinas, estamos empregando como manifestação da "Inteligência Suprema e causa primeira de todas as coisas" – a que chamamos de Deus.

Dessa maneira, na **PRIMEIRA PARTE** nos capítulos que se seguem, serão analisados temas que envolvem Deus, a força do pensamento, a medicina, a religião e a *saúde, a força da fé*, a física quântica, entre outros, não como questão fechada, mas que servirão de análise e reflexão para o leitor. Assim, recomendamos a leitura desta primeira parte, na íntegra, antes de se colocar em prática as sugestões da segunda parte.

No capítulo 1.º, analisamos a questão do Universo e a interpretação dualista de Deus. A separação de Deus, de um lado, e Universo, do outro, é mostrada de forma didática, utilizando-se das reflexões do filósofo ROHDEN, quando afirma, que o Universo é a própria expressão daquilo que chamamos de Deus. Como Deus é imaginado nas religiões cristãs? E nas tradições orientais? Deus interfere mesmo no livre-arbítrio, ou cada um é livre para escolher de acordo com o seu entendimento? Seria de Jesus mesmo, a frase: "Ninguém chega ao Pai, senão por mim?"

No capítulo 2.º, estudamos os avanços da física quântica, com referência ao pensamento, demonstrando que o que pensamos será refletido em nossa realidade, na mesma frequência do pensamento. E, nesse entendimento, focamos a chamada *lei da atração*, mostrando que **tudo** que acontece na vida é fruto das imagens criadas na mente, pela própria pessoa. Somos dotados do poder de atrair aquilo que pensamos.

No capítulo 3.º, demonstramos que *pensamento cria vida*. E para tal, comentamos alguns ensinamentos da ministra Veneranda, anotados por André Luiz, em seu estágio de aprendizagem na colônia *Nosso Lar*. Usamos para essa aprendizagem o termo "degustar", no sentido figurado de apreciar, com suavidade e atenção, a beleza da essência dos conteúdos.

No capítulo 4.º, refletimos sobre *visualização*, demonstrando ser ela uma técnica do pensamento que, concentrada em imagens, permite a realização daquilo que almejamos; e isso produz sentimentos e emoções que irão facilitar a materialização dos nossos desejos. Também abordamos a questão de entregar nossos desejos a uma força exterior: Deus, Jesus, espíritos superiores, santos, anjos, tudo de acordo com a crença professada, aguardando em *dolce far niente* que algo aconteça, milagrosamente, sem esforço.

Nos capítulos 5.º e 6.º, mostramos quanto é importante *sonhar*. Não nos referimos, obviamente, aos sonhos durante o sono, mas aos sonhos que ocorrem quando estamos acordados, de olhos abertos. São os objetivos, metas a serem alcançadas. São aqueles que dependem de nosso trabalho, da fé e da persistência para transformá-los em realidade. Neste sentido, "somos do tamanho de nossos sonhos". Acrescentamos fatos ocorridos com pessoas que realizaram seus sonhos. Relacionamos alguns pontos comuns e universais no processo de concretização do pensamento.

No capítulo 7.º, meditamos sobre a afirmação de André Luiz, que, através do pensamento, o ser humano torna-se "cocriador do Universo em plano menor" (*Evolução em dois mundos*). Pelos avanços dos estudos quânticos, chega-se à conclusão de que *matéria* e *energia* estão tão inter-relacionadas que representam, verdadeiramente, duas formas *diferentes* de exprimir uma única realidade, não sendo a matéria, nada mais nada menos, do que *energia condensada*. Abordamos a confusão psicológica que se faz ao separar Deus (Universo) da criatura, gerando muitos conflitos íntimos. Neste ótica,

Jesus ensina que o "Reino de Deus está dentro de nós".

No capítulo 8º, mostramos que, pelos pensamentos, concretizamos os nossos desejos, baseando-nos na célebre afirmação de Jesus, segundo Marcos, 11:24, de que"**Tudo** quanto em oração pedirdes, crede que recebereis". Para a materialização do que pedimos em oração, arrolamos os três passos: 1. **Pedir**: "Pedi, e dar-se-vos-á; buscai, e encontrareis; batei, e abrir-se-vos-á" (Mt, 7:7)); 2. **Acreditar**: "Seja-vos feito segundo a vossa fé". (Mt. 9:28-29) e 3. **Receber**: sentir-se feliz com o que você já visualizou, como seu.

No capítulo 9.º, ratificamos a afirmação de que recebemos "de acordo com a capacidade". Assim, cada criatura só receberá do Universo aquilo que foi protocolado, de acordo com a sua "capacidade", aqui entendido, no sentido de 'espaço', de 'vacuidade'. Todo pedido, independentemente de quem o fez, será atendido, no tempo de cada um e de acordo com o "molde" criado pelo pensamento. Repetindo: a Lei não concede nem mais, nem menos do que foi "protocolado". A Lei Universal é igual para todos e o *quantum* que se recebe está matematicamente adstrito ao tamanho do recipiente.

No capítulo 10.º, sugerimos pensar sempre "positivamente", lembrando provérbios, 23:7: "Porque, da maneira como pensa em seu coração, assim será ele"... Assim, comentamos que pensamentos negativos também são aceitos pelo Universo. Criar "quadros mentais" negativos (tristeza, angústia, pessimismo, espírito de derrota, entre outros), e neles se comprazer com insistência, automaticamente será atendido pela Lei, estes, e não outros que não foram registrados. A prece não conhece limites: **"Tudo** quanto pedirdes". Todavia, é necessário ter uma certeza absoluta, como "se já tivéssemos recebido o que pedimos".

No capítulo 11, abordamos a influência da mente sobre o corpo, mediante as interessantes experiências realizadas pelo doutor Masaru Emoto, registradas no seu livro, de grande sucesso internacional, *Mensagens ocultas na água*. Com essas pesquisas, ratificam-se os ensinamentos de Lísias em *Nosso Lar*: "Compreenderá, então, que a água, como fluido criador, **absorve, em cada lar, as características mentais de seus moradores**. A água, no mundo, não somente carreia os resíduos dos corpos, mas **também as expressões de nossa vida mental**" (grifos nossos). Analisamos que estas experiências do Dr. Emoto vêm ratificar o costume da utilização da água fluidificada, como complemento do passe, tornando-se portadora de recursos medicamentosos.

Nos capítulos 12 e 13, arrolamos alguns excertos de Emmanuel, através da mediunidade de Francisco Cândido Xavier, sobre *a força do pensamento*, tendo por base o seu livro *Pensamento e vida*.

No capítulo 14, respondemos à pergunta feita por muitas pessoas que acham que o pensamento positivo funciona apenas como sugestão. O 'pensar positivo' funciona mesmo? O que diz a ciência? Estes assuntos trazem conclusões importantes para as pessoas otimistas. E quanto àqueles que pensam negativamente?

No capítulo 15, examinamos os efeitos da religião sobre a saúde. Pesquisas constataram que a crença religiosa pode influir na saúde do homem. Dr. Harold Koenig, Diretor do Centro para Estudo da Religião, Espiritualidade e Saúde da Universidade de Duke, nos Estados Unidos, é o maior especialista no campo da espiritualidade e sua influência sobre a saúde, com seus mais de 40 livros publicados. Estudos científicos têm provado que a fé religiosa, de um modo geral, constitui fator de cura, pois as criaturas, quase sempre, agem com mais serenidade e confiança, ajudando a medicina no processo de tratamento de eventuais doenças, de que sejam portadoras. Resumimos alguns dados científicos interessantes que comprovam o efeito na mente daqueles que frequentam uma religião.

No capítulo 16, sopesamos o pensamento do codificador sobre a oração-padrão, comumente utilizada como prática no dia a dia das pessoas, em suas preces. Assim, relacionamos alguns comentários sobre a utilização de orações pré-fabricadas, a que Kardec dá o título de *Coletânea de preces espíritas*, inserta no capítulo 28 de *O Evangelho segundo o Espiritismo*. Suas considerações valem como ancoragem ao que propomos, no final deste livro, no sentido de cada um elaborar a própria oração.

No capítulo 17, catalogamos algumas sugestões de como materializar as nossas orações. Adicionamos a orientação de Joanna de Ângelis sobre a técnica de meditação e, ainda, relacionamos sugestões de alguns passos para que *nossas orações* se *materializem...*

No capítulo 18, propomos, no fecho destas reflexões, alguns alvitres para que, cada um possa aplicar os estudos desenvolvidos aqui, nas orações que 'cadastramos' no Universo, de forma que elas expressem autenticamente nossos sentimentos. Argumentamos, pois, com ancoragem no que foi descrito nos 17 capítulos anteriores desta obra que, **se somos o que pensamos**, a oração também deve ser **a declaração** *sui generis* **de nossos pensamentos**. Entendemos que, embora a oração possa ser feita, repetindo modelos criados por outros, para que possamos atingir a concretude do teor de nossas necessidades, seja ela **construída por nós mesmos**. A luta, as necessidades são nossas e, portanto, a oração não pode expressar outro conteúdo, senão os nossos próprios pensamentos.

Na **SEGUNDA PARTE,** tem-se a prática, em que o leitor é convidado a exercer sua capacidade de criar, colocando em ação o ensinamento de Jesus: **Tudo** o que pedirdes em oração, crendo, vós recebereis. (Mt. 21:22)

Jacarezinho (PR), inverno de 2014.

José Lázaro Boberg

Rua Dois de Abril, 488 – Jacarezinho-PR
Fones: (43) 3527-1841 e 9912-4442
E-mail: jlboberg@uol.com.br

PRIMEIRA PARTE

Sobre as bases para elaboração da

própria oração.

1

NÓS SOMOS O UNIVERSO

Tudo em sua vida tem a frequência específica de quem você é.
Ramtha

A PALAVRA UNIVERSO é formada pela junção de **Uni+verso**, e designa uma natureza bipolar do cosmos. O Uni retrata a perfeição absoluta e o verso a perfeição relativa. Em linguagem matemática, podemos representar por **Uni > Verso**. O Uno é maior que o Verso, e este, por consequência, é menor do que aquele. O Verso pode dizer: "Eu e o Uno somos um, o Uno está em mim e eu estou no Uno, mas o Uno é maior que eu". Por esta lógica, nenhum Verso (Finito) está fora do Uno (Infinito), pois o **dualismo** separatista é absolutamente impossível. No entanto, para nós ocidentais, parece estranho pensar dessa forma diferente; temos formatado na estrutura mental, há milhares de anos, a ideia dualista de "um Deus separado de nós". Para as religiões cristãs, o Deus é imaginado como pessoa, uma figura antropomórfica que a tudo dirige, interferindo até no livre-arbítrio das criaturas.

Aliás, o Deus 'pensado' na linha Abraâmica (judaísmo, cristianismo e islamismo) é o *antropomórfico*, isto é, a imagem que fazemos d'Ele é a de uma *pessoa*. Não é assim que a maioria pensa? Talvez você também O imagine como pessoa, não é verdade? Creio que sim. Eu também já pensei em Deus dessa forma. Mesmo entre nós espíritas, que temos como parâmetro a resposta dada pelos coadjutores de Kardec de que "Deus é a inteligência suprema e causa primária de todas as coisas", ainda está no imaginário a ideia de um ser "apartado de nós". Um Deus, num trono, lá em cima, e nós, cá embaixo. O instinto de adoração é inerente a cada pessoa. "A necessidade de dependência, ou a ideia de submissão a um ser supremo, impede a consciência de perceber o quanto a prolongada experiência pessoal do 'silêncio divino' indica, mediante excruciante vazio interior, não haver nenhum ser mais evoluído, do outro lado disposto a preencher o egocêntrico papel de salvador universal. Ao permanecer na constante expectativa de receber a assistência de outro ser, a divindade, romanticamente é chamada de 'pai', 'mãe', 'esposo', 'divino', 'consolador' e outros evocativos carregados de carência afetiva".[1]

Nesta mesma ótica, atribui-se a Jesus, a frase: "Eu e o Pai somos um. Eu estou no Pai e o Pai está em mim". (João, 10). Esta afirmação tem sido defendida pela teologia cristã, com o intuito de corroborar a ideia de que Jesus é Deus – a segunda pessoa da Trindade. Pura balela! O conceito trinitário da divindade não é uma doutrina exclusiva do cristianismo, uma vez que é uma crença comum a muitas outras religiões, bem mais antigas do que o cristianismo. Krishna, na Índia, por exemplo, muito antes do Cristo, já era reverenciado como a 2.ª pessoa da Trindade. Tanto é verdade que foi acrescentada a esta afirmação: **Ninguém chega ao Pai, senão por mim.** Você não acha isso discricionário? Será que Jesus teria mesmo dito isto, ou é apenas uma frase Joanina? Trata-se de um contrassenso, pois, neste caso, outros povos não cristãos estariam banidos de Deus.

---

1   LUZ, Marcelo da. *Onde a religião termina?*

O texto bíblico diz que Deus não faz acepção de pessoas. Não existe Deus externo que pode curar, porque este Deus é do tamanho do entendimento de cada um. Simbolicamente, "O Pai está em mim, e o Pai também está em vós... As obras que eu faço não sou quem as faz, é o Pai em mim (Eu) que faz as obras; de mim mesmo (pelo meu ego) nada posso fazer". Essa união e comunhão íntima com Deus (o Uni, a Perfeição, a Realidade Infinita, etc.) não quer dizer que existe uma identidade perfeita entre nós e a divindade, mas expressa apenas a união, a comunhão íntima e imanente entre nós (Versos) e a divindade (Uni): "no qual vivemos, nos movemos e existimos" (At. 17:28). Ratificando: A Perfeição absoluta não está fora, em algum lugar no paraíso, mas dentro de nós mesmos, sempre em disponibilidade para que cada Verso, ao desobstruir os canais mentais, sintonize, vibracionalmente, com o Uni (Perfeição), naquele estágio 'provisório' de evolução.

Neste sentido, não existe dualismo, inventado por Descartes (este conduz à ideia do Deus antropomórfico); só é admissível o **monismo** cósmico, segundo o qual todo e qualquer Verso está no Uno, mas o Uno ultrapassa todos os Versos. De outro modo, a Essência está em todas as Existências, mas a Essência transcende a todas as Existências. A Essência está em todas as criaturas, mas a soma do total das criaturas não equivale à Essência Infinita (Uno), porque esta será maior que todas as criaturas. Podemos ainda dizer, dentro da lógica matemática, que: ∞ > **versos**; qualquer quantidade numérica, que venhamos atribuir aos versos (10, 100, 1000, 1.000.000.000, etc.), nunca haverá perigo de que estas quantidades finitas, por maiores que sejam, ultrapassem a qualidade do ∞. (Na linguagem matemática esta figura "∞" simboliza o infinito).

Os espíritos colaboradores, na resposta acima, sobre a pergunta de Kardec: **Que é Deus?** (resposta: "inteligência suprema e causa primária de todas as coisas") – nada expressam a respeito do dualismo e do Deus-pessoa. Nada de um Deus apartado das criaturas. Então, para o espiritismo, o Universo (que chamamos de Deus) não é **dual**. A ideia de Deus é calcada no **monismo cósmico**. É neste mesmo sentido que asseverou Jesus: "O reino de Deus está dentro de vós". Ou ainda, "Porei minhas leis em sua mente" (Hb. 8:10). Esclareceram os espíritos, complementando, que a Lei de Deus está gravada na consciência. Em outras palavras, a construção desse reino é um trabalho de cada ser (verso). Paulatinamente, de conformidade com a maturidade e a abertura dos canais, implantamos a vida, perfeição e saúde. Nada é gratuito, tudo é fruto do trabalho permanente.

Em *O Evangelho segundo o Espiritismo*, Kardec associa esta ideia, de que o Uno (Infinito), perfeição absoluta, nunca será alcançado em igualdade, pois, os seres (Versos) por mais que evoluam, jamais atingirão a perfeição absoluta. Para explicar isto, utiliza-se da frase atribuída a Jesus, segundo Mateus: "Sede vós perfeitos como perfeito é o vosso Pai celeste." (5:48). Pois que Deus possui a perfeição infinita (UNO) em todas as coisas; esta proposição: "Sede perfeitos, como perfeito é o vosso Pai celestial", tomada ao pé da letra, pressuporia a possibilidade de atingir-se a perfeição absoluta (UNO). Se à criatura (Verso) fosse dado ser tão perfeita quanto o Criador, tornar-se-ia ela igual a este, o que é inadmissível.

Repitamos: **O Uno > Verso**. Mas, os homens a quem Jesus falava não compreenderiam essa nuança, pelo que ele se limitou a lhes apresentar um modelo e a dizer-lhes que se esforçassem por alcançá-lo. *Sede perfeitos, como perfeito* é o vosso Pai que está nos céus. Aquelas palavras, portanto, devem entender-se no sentido da perfeição relativa (Versos), a de que a Humanidade é suscetível e que mais a aproxima da Divindade (Uno). **(acréscimos nossos).**[2] A expressão "Pai que está nos céus" precisa ser decodificada, como expressão usada no sentido alegórico, pois, nem Uni (Deus) é pai, nem o verso é filho. Ainda, "estar nos céus", na realidade, é estar em sintonia vibratória com as Leis

---

2   KARDEC, Allan. *O Evangelho segundo o Espiritismo*, cap. 17, item 2.

do Universo, a cada fase de crescimento espiritual, uma vez que todo avanço, por maior que seja, é relativo.

Todos os males, desequilíbrios que o Verso porta, na realidade, são uma questão de imperfeição do **canal** de comunicação com a **Fonte** (Uno). Sendo perfeição absoluta, o Uno (Deus, Infinito, Inconsciente) expressa sempre, em toda plenitude, vida, saúde e felicidade, para que todos os Versos usufruam, na mesma proporção, da perfeição relativa que atingiram. O Uno Infinito está permanentemente 'disponível', e flui harmoniosamente nos versos, à medida que estes criam condições de pureza para que a Essência possa fluir.

Então, embora a Fonte seja absolutamente perfeita, nem sempre os canais estão em perfeita harmonia. A Fonte (Uno) está em mim – mas, é uma Fonte em estado potencial, que deve ser atualizada, para que eu goze saúde e felicidade. É o que Jesus chamava de "tesouro oculto" que deve ser manifestado; é a "luz debaixo do alqueire", que deve ser colocada no alto do candelabro. "Vós sois a luz mundo" (Mt. 5:14), mas em estado de potencialidade, latente, que precisa ser atualizada, ser manifestada. Então, todos podem evocar a Fonte, que está em nós, criando recipiência em nossos canais para que a água da vida (presente no Uni) possa fluir de acordo com espaço criado.

"Uma das características dos seres humanos: avançamos implacavelmente. Por vezes em direção a algo sobre o qual não estamos seguros, mas prosseguimos, porque, em todos os sistemas vivos, aquele que não avança e não se modifica não evolui, fica estagnado e morre".[3] É fácil aceitar as coisas como elas são, achando-as absolutamente estáticas e rotineiras, dia após dia. As crenças religiosas são desta natureza: não podem mudar... Em razão do estágio da maturidade, muitos não aspiram a qualquer mudança, vivendo na base do "deixa como está, para ver como é que fica". É o que expres-

---

3   ARNTZ, William e outros, *Quem somos nós?*

sa canção popular: "Deixa a vida me levar". A criatura aceita, sem contestação, ser levada pelas circunstâncias da vida, sem participar das mudanças, despertando, como aconteceu com André Luiz, na Colônia Nosso Lar, "à maneira de aleijado diante do rio infinito da eternidade, sendo levado compulsoriamente a carreira das águas incessantes".[4] O grande objetivo da encarnação, além da busca da perfeição infinita, é participar das obras da criação.

Estamos aqui para sermos criadores. Nada de omissão. A evolução, sem ponto final, é conceito inteligente, de que nada está estático. Pensar em viver apenas uma existência, e, depois o fim de tudo, é contrariar as leis do Universo. Embora a teologia assim preceitue, afirmamos que, fora da *evolução*, é colocar antolhos fixos na criatura, mantendo-as na ignorância, facilitando, por interesses egoísticos, a manipulação do pensamento. Frequentemente, a religião é condenada por manipular consciências, num atentado ao desenvolvimento de cada criatura. "O Universo é um computador. Ausência de dualidade. E ele não precisa ser operado. Ele está conectado, entrelaçado de tal forma que se amarrou a tudo o que é criado por tudo. Ele não responde a nós – **Ele é nós**. Existe uma frequência ou vibração associada à ação ou pensamento. Quando agimos, endossamos aquela realidade, de modo que nos conectamos ao Universo pela frequência ou vibração associada. Tudo lá fora, com a mesma frequência, responderá a ela, e será refletido em nossa realidade. Esse é o princípio pelo qual funciona a transmissão/recepção. O transmissor e o receptor estão sintonizados na mesma frequência".[5] De acordo com essa visão, tudo na vida – pessoas, lugares, coisas, tempo e acontecimentos – não são senão reflexos de nossas vibrações pessoais. De acordo com Ramtha:[6] "Tudo em sua vida tem a *frequência específica* de quem você é".

---

4   XAVIER, Francisco Cândido, pelo espírito André Luiz, *Nosso Lar*.
5   ARNTZ, William e outros, *Quem somos nós?*
6   ARNTZ, William e outros, *Quem somos nós?*

Ratificando, pois, não são dois: Deus e o Universo. Não existe esta dualidade, como preconizam as tradições ocidentais, ou seja, "um Deus separado de nós". A ideia de Deus "lá fora" não é, por exemplo, cogitada pelas religiões orientais ensinando elas que Deus está em toda parte e a melhor forma de experimentá-Lo é internamente. Elas não são deístas. O budismo, tomado como exemplo, de pensamento oriental, tem muitos deuses e a palavra "Deus" nunca chega a ser usada. A espiritualidade é definida simplesmente como a "relação pessoal com o transcendental". Nesta ótica, ROHDEN enfatiza: "a concepção dualista de que Deus seja alguma entidade justaposta no Universo, algo fora do cosmos, algum indivíduo, alguma pessoa, é certamente **a mais primitiva e infantil de todas as ideologias da Humanidade**". (grifos nossos). E complementa, dizendo: "O erro das teologias ocidentais está em estabelecerem separação entre o Uno da Essência Infinita e o Verso das Existências finitas".[7] Saliente-se, todavia, que, quando usamos a expressão "Ele" (referindo-nos a Deus), é apenas no sentido figurado.

O dualismo funciona na base "do olho por olho", "dente por dente", expressão falsa defendida pela doutrina dualista do Deus judaico-cristão. Se você bateu em Paulo, você vai receber na mesma proporção o dano causado. No modelo 'não dualista', a interpretação é diferente. Quando por ação ou apenas por pensamento, emanamos energia, a coisa corre por conta da consciência, sem qualquer julgamento de um Deus externo. A ideia de certo e errado, de pecado e de salvação não leva a qualquer condenação, pois todos os atos são experiências que desafiam o ser no seu crescimento. Pela frequência do pensamento, sintonizamo-nos com o Universo, na faixa de nosso entendimento. Nossas ações – certas ou erradas – respondem, sem qualquer ideia de castigo, por aquilo que protocolamos no Universo.

---

7   ROHDEN, Huberto. *Cosmoterapia.*

Hoje, os estudos sobre reencarnação, por exemplo, estão apresentando um sentido mais pedagógico, mais humano do que aquele que se tem aceito em nossos meios espíritas. "O melhor que o espiritismo pode fazer é esclarecer que não precisará padecer o mesmo sofrimento a outro infligido para se liberar da culpa. Que há outras formas mais nobres e saudáveis de se liberar do sofrimento da culpa. A ideia de que somente sofrendo o mesmo mal por nós cometido haveremos de nos libertar da dor, além de expressar conceito divorciado dos nobres objetivos da vida, inocula no espírito perigosos vírus autodestrutivos".[8] No momento do entendimento, cada criatura fará os 'acertos' devidos, com base nas leis da consciência, sem a ótica da lei de talião: "pagar na mesma moeda" e ao mesmo ofendido, sem qualquer outra opção. As consequências das ações indevidas ficam gravadas na consciência e, no tempo de cada um, haverá o equilíbrio com as Leis do Universo, sem a necessidade de que se atrele ao agravado.

---

8   Jornal *Opinião*. Órgão do CCEPA, n.º 201, outubro 2012.

2

O UNIVERSO QUÂNTICO

É pela lei da atração que a energia vibracional emitida pelo pensamento, atrai aquilo que pensa.

COMO O UNIVERSO aceita – sem qualquer exclusão – o que pensamos será refletido em nossa realidade, na mesma frequência do pensamento. A coisa funciona, tal como já nos referimos, à transmissão e recepção dos aparelhos de comunicação. Quando os aparelhos estão sintonizados na mesma frequência da onda transmissora, há a captação da mensagem. De igual forma ocorre conosco, com as nossas emissões do pensamento; tudo que acontece são reflexos de nossas vibrações pessoais. Somos ao mesmo tempo, *receptores* e *transmissores* de energias produzidas pelo pensamento. "O homem custa a crer na influenciação das ondas invisíveis do pensamento, contudo, o espaço que o cerca está cheio de sons que os seus ouvidos materiais não registram".[9] Então, escolha o que você quer, e não aceite qualquer pensamento negativo ou contrário, que possa surgir em sua mente. As preces intercessórias funcionam nesta mesma mecânica, já que,

---

9   XAVIER, Francisco Cândido, pelo espírito Emmanuel. *Pão nosso*, lição 17.

ao pensar em alguém, emitimos energias que, dependendo da frequência do receptor, encontrará sintonia vibracional. "Assim também na vida comum, a alma entra em ressonância com as correntes mentais em que respiram as almas que se lhe assemelham; assimilamos os pensamentos daqueles que pensam como pensamos".[10]

Entenda-se que 'tudo é possível', mas nada acontece sem a nossa participação. Podemos ter nossa fé religiosa, mas, nem sempre o que aprendemos, em termos de crenças é suficiente, para enfrentarmos a complexidade do mundo, em constante transformação. A experiência transmitida por terceiros ajuda-nos, dá-nos uma 'mãozinha', mas não é o suficiente. Precisamos colocar em ação os esquemas mentais, calcados na rede neural, já consolidada; e tirarmos as próprias conclusões, para que efetivamente aprendamos. Para aprendermos, utilizamos dois mecanismos importantes: a *compreensão* do fato e a *experiência*. Você tira as conclusões por experiência própria e a rede neural, diante da persistência, fortalece cada vez mais. Usando da linguagem do psicólogo Piaget: aprender é construir novas estruturas com base em outras previamente existentes...

Vivemos sob a égide das leis do Universo e, para evoluirmos, temos que nos adaptar a elas, num processo infinito de aperfeiçoamento, de tal sorte que nada vai acontecer, sem a vontade livre e inteligente do agente. Todos, sem exceção, temos à nossa disposição, em igualdade de condição, um poder infinito, e guiamo-nos por essas mesmas leis. É a chamada *lei da atração*. Tudo que acontece na vida é fruto das imagens criadas na mente, pela própria pessoa. Somos dotados do poder de atrair aquilo que pensamos. "Respiramos no mundo das imagens que projetamos e recebemos. Por elas, estacionamos sob a fascinação dos elementos que provisoriamente nos escravizam e, através delas, incorporamos o influxo renovador

---

10   Idem, idem. *Pensamento e vida*, lição 8.

dos poderes que nos induzem à purificação e ao progresso".[11] Nesta ótica, a felicidade ou a dor, o crescimento ou estagnação, a liberdade ou o confinamento, seja qual for o estado em que cada um esteja neste momento, é consequência de nossa decisão individual.

As leis do Universo, que costumamos chamar de 'leis de Deus', são eternas e imutáveis. Elas sempre existiram e sempre existirão. Elas têm sido transmitidas através dos tempos, por todas as religiões, em seus registros. É comum ouvirmos a expressão *fazer a vontade de Deus* (quando não, do Pai), que nada mais é do que estar em *sintonia vibracional* com elas. São tidas como 'sagradas', porque teriam sido transmitidas por certos "escolhidos" de Deus. Na verdade, esses 'escolhidos' são espíritos que se 'credenciaram', por experiências pessoais, nas estradas da vida. Desenvolveram o potencial, ao longo dos embates experienciais. Nada lhes veio de graça, tudo foi fruto de aprendizagem. Assim, esses ensinamentos que são naturais, passaram a ser respeitados como "palavras de Deus", que, alegoricamente, teria se comunicado com 'certos profetas', encarregados de ensinar a Humanidade. Na verdade, tudo que eles fizeram, você, no devido tempo, também fará. É o que ensinou Jesus: "Tudo que eu faço vós também podeis fazer". Afinal, Jesus demonstrava em suas ações, o que conquistara em inúmeras experiências reencarnatórias.

Muitos questionam por que Deus (Leis do Universo) permite coisas más que existem no mundo. Ora, tudo é permitido, porque é o ser humano que tanto semeia a bem-aventurança, quanto deflagra as guerras, e a resposta é que Ele (sentido figurado) consente que se faça a **vontade do homem**. Se descobrirmos, nas Leis da Natureza, o fogo, com ele podemos cozer o alimento e forjar o ferro ou incendiar a floresta. Mas com o despertar da consciência, adquirindo assim, maior poder de livre-arbítrio, a Lei também colocou em nossos ombros o ônus da responsabilidade.

---

11   Idem, pelo espírito Emmanuel. *Pão nosso*, lição 13.

É assim entendendo que os espíritos auxiliares do codificador transferem a responsabilidade do aprimoramento espiritual à própria criatura, afirmando em relação às Leis Naturais, que "o homem só é infeliz, quando delas se afasta".[12] Não importa a crença que você professa, sua condição social, se é pobre ou rico, se é culto ou analfabeto, a construção da felicidade é algo personalíssimo. Isto quer dizer que as Leis Naturais determinam a ordem no Universo, em cada momento da vida, e em tudo que vivenciamos. É este o sentido alegórico, de que: **Ele faz nascer o seu sol** sobre **maus** e **bons** e **vir chuvas sobre justos e injustos. (Mt. 5:45).** Trata-se da mecânica natural do Universo, que chamamos de Deus.

É pela *lei da atração* que a energia vibracional emitida pelo pensamento, atrai aquilo que pensa. Se cultivarmos bons pensamentos, sentimentos e palavras, seguidos de boas atitudes, colheremos coisas semelhantes. O mesmo se dá em sentido contrário. Então, muito do que nos acontece e que costumamos atribuir à sorte ou ao azar, não é mais do que o resultado do que pensamos, sentimos e falamos – em resumo, o poder dos sentimentos e da intenção convicta e persistente. Os que se declaram azarados atraem o que dizem; e os que se proclamam incapazes para determinada coisa, não falam uma verdade, mas se decretam a incapacidade, impregnam-se do poder nefasto dessa afirmação. "Se você se descobre dizendo: Todos sempre fazem isso comigo, me criticam, nunca me ajudam, me usam como um capacho, abusam de mim", então é esse o *seu padrão*. Existe algo em você que atrai as pessoas que mostram esse comportamento. Deixando de pensar dessa forma, você fará com que elas se afastem e vão agir dessa maneira com outra pessoa. Você não mais as atrairá".[13] Poderíamos comparar esta energia mental, com força atrativa das Leis do Universo, a um ímã. Então, terceirizar a felicidade a algu-

---

12 KARDEC, Allan. *O Livro dos Espíritos*, questão 614.
13 HAY, Louise L. *Você pode curar sua vida.*

ma religião, algum líder espiritual, na realidade, é afastar-se dela. Ela está em suas mãos. Você é o seu construtor... É nesta linha de entendimento que o espírito Irmã Maria do Rosário, escreve pela mediunidade da escritora Lúcia Cominatto o livro *Felicidade é algo que se aprende*. [14] Vale a pena ler esta obra!

Você já deve ter ouvido, na literatura espírita, que *semelhante atrai semelhante*. "Assim também na vida comum, a alma entra em ressonância com as correntes mentais em que respiram as almas que se lhe assemelham. Assimilamos os pensamentos daqueles que pensam como pensamos. É que sentindo, mentalizando, falando ou agindo, sintonizamo-nos com as emoções e ideias de todas as pessoas, encarnadas ou desencarnadas, da nossa faixa de simpatia".[15] Até entre as plantas da mesma espécie, quando são semeadas próximas umas das outras, produzem mais. Da mesma forma, espíritos que pensam da mesma maneira formam, por atração, a "sua turma", seja a atração para o bem ou para o mal.

Assim podemos afirmar, com base na lei natural: "Dize-me o que pensas que dir-te-ei quais são as tuas companhias". Quando você tem um pensamento, as emanações mentais, entrando na faixa vibratória do Universo, atrairão, por afinidade, aqueles que pensam da mesma maneira. Não é o que ocorre nas chamadas obsessões, quando atraímos espíritos na mesma faixa vibracional? Saliente-se, todavia, que a gênese de toda obsessão está na própria criatura, geradora dos pensamentos. No geral, a pessoa em desarmonia quer sempre jogar a culpa em terceiros e se passar por vítima. É mais fácil, não é mesmo? Possivelmente, a maior rejeição para que possamos criar a nossa própria realidade, é fugirmos das responsabilidades e nos apresentarmos como vítimas. A culpa de nossos desatinos é atribuída a terceiros. "Todos os dias criamos a nossa própria realidade, embora achemos difícil aceitar isso – não há nada mais

---

14 COMINATTO, Lúcia/Irmã Maria do Rosário. *Felicidade á algo que se aprende*. Editora EME.
15 XAVIER, Francisco Cândido, pelo espírito Emmanuel. *Pensamento e vida*, lição 8.

refinadamente agradável do que culpar alguém pelo que somos. É culpa dela ou dele; é o sistema; é Deus; são meus pais..." [16]

Pensamentos constantes atraem mais pensamentos semelhantes. É por isso que, quando os pensamentos ruins ocorrem, devem ser expurgados, o mais rapidamente possível, substituindo-os por outros felizes. Sabemos que não é fácil, mas, se treinarmos, conseguiremos. Experimente trocar os quadros mentais que estão fazendo você sofrer por outros que, em algum momento, lhe fizeram bem. Com a *lei da atração* – que é Lei Natural – ocorre exatamente isso: "semelhante atrai semelhante". Quem pular de uma montanha, sem paraquedas ou *parapentium*, seja lá quem for – Jesus, Hitler, Buda, entre outros – não importa a condição espiritual, em função da lei da gravidade, vai se espatifar no solo. Ela – a lei da atração – da mesma forma, não distingue se o que você pensa é bom ou se é mau. Ela é tão impessoal e imparcial, como a lei da gravidade, e reflete tudo que você pensa. O que pensamos, insistentemente, é o que atraímos para nossa vida. As coisas se materializam pela persistência da intenção convicta, naquilo que é objeto do pensamento. Treinemos trocar os pensamentos ruins, por outros que nos tragam felicidade. Você pode mudar a sua vida...

Os pensamentos são magnéticos e têm uma frequência. Quando você pensa, emite para o Universo pensamentos que atraem magneticamente todas as coisas semelhantes que estejam na mesma frequência. Tudo que é emitido retorna à fonte. E essa fonte é você, diz Charles Haanel. "Todos somos compulsoriamente envolvidos na onda mental que emitimos de nós, em regime de circuito natural".[17] Já dissemos, mas vale a pena relembrar, para melhor entendermos esta mecânica quântica do pensamento: o processo de transmissão radiofônica, televisão, celular, etc. "As inteligências encarnadas comunicam-se através dos tênues fios do desejo manifestado

---

16 ARNTZ, William e outros, *Quem somos nós?*
17 XAVIER, Francisco Cândido, pelo espírito Emmanuel. *Pensamento e vida*, lição 10.

no coração (entenda-se, na mente). Em tais instantes expedimos mensagens, apelos, intenções, projetos e ansiedades que procuram objetivo adequado".[18] Tudo funciona à base da 'frequência'. Neste exato momento, não importa onde você esteja, estão passando, sem que você perceba, ondas de energias emitidas pelas torres de transmissão. Você escolhe no dial de seu rádio determinada frequência e capta a emissora que está naquela mesma faixa; o mesmo ocorre com os canais de televisão ou de seu celular, etc.

Dessa forma, cada um desses aparelhos capta energias, na sua faixa de frequência e pode ser sintonizado por você, ao mesmo tempo, ou seja, agora podem estar ligados, concomitantemente, o rádio, a televisão, a *internet*, e, ainda, você atendendo o celular. Cada um sintonizado em faixas de frequências diferentes sem que haja interferência entre eles. Que coisa maravilhosa, não é mesmo? Comparativamente, somos também ao mesmo tempo, *emissores* e *receptores*, e todo pensamento que emitimos repercute no Universo. Os pensamentos são transmitidos por frequência, tais como esses aparelhos, e têm força poderosa. Neste mesmo sentido, podemos mudar nossas vidas, mudando a frequência de nossas vibrações mentais. O que vivemos hoje em nossa vida é o resultado do que pensamos e sentimos. Desde que nos tornamos espíritas, sempre ouvimos o ditado que "o plantio é livre, mas a colheita é obrigatória". Isto quer dizer, não importa o teor de seu pensamento, o Universo conspira sempre a seu favor, seja bom ou ruim. Veja a tremenda responsabilidade quando desejamos mal aos outros... Quem planta, colhe, não se iluda!

É por esta linha de pensamento, que os físicos quânticos afirmam que "O Universo não é excludente, mas includente". Todos os seres vivos operam por meio da lei da atração. A diferença entre os seres anteriores da criação e nós, seres humanos, é "pelo pensamen-

---

18   Idem, ibidem, *Pão nosso*, lição 45.

to que o homem goza de liberdade sem limites, não conhecendo obstáculos. Pode-se impedir sua manifestação, mas não aniquilá-lo".[19] Somos detentores do livre-arbítrio, com o qual podemos fazer escolhas, podendo pensar e criar intencionalmente a vida inteira. "Você provavelmente concordará que de muitas pequenas formas, cria a própria vida a cada dia. Você decide se vai ou não se levantar quando o despertador toca. Decide o que vestir, o que comer no café da manhã ou se vai tomá-lo. E quando encontra pessoas em casa, no trabalho ou na rua, decide como vai tratar cada uma delas. Suas intenções para o dia – ou sua decisão padrão de não formular intenções, apenas "deixar rolar" – afetam o que você faz e o que experimenta. Num contexto amplo, a trajetória completa de nossas vidas é gerada por nossas escolhas. Você quer casar? Quer ter filhos? Ir para a universidade? Estudar o quê? Seguir que carreira? Que proposta de emprego aceitar? Sua vida não se limita a 'acontecer': ela está baseada nas escolhas que você faz – ou deixa de fazer – a cada dia".[20] Isto quer dizer que, pelo livre-arbítrio, cada criatura pode pensar o que quiser, sem que haja qualquer interferência ou proibição por parte do Universo.

Dessa forma, dizer que "Deus permite" ou "não permite" é pura imaginação. Nada é excluído. O Universo é receptivo às nossas vontades. Diz Steve Jobs: "Você pode encarar um erro como uma besteira a ser esquecida, ou como um resultado que aponta uma nova direção". De nossa parte, entendemos que aprendemos com os erros. Aliás, sem eles não sairíamos do lugar. Atentemos que 'errar' é lícito, pelas leis do Universo. Pela lei da atração a vida é um espelho dos pensamentos dominantes que emitimos. Tudo o que acontece na vida é você que atrai. É fruto do que você pensa. Observe o que está passando por sua mente. Você está atraindo tudo isso. Nos princípios de causa e efeito, a justiça se faz presente em todos

---

19 KARDEC, Allan. *O Livro dos Espíritos*, questão 833.
20 ARNTZ, William e outros. *Quem somos nós?*

os momentos da vida. Não haverá jamais julgamentos por um Deus externo – ou outros seres criados pelo imaginário humano – que fará justiça pelas escolhas infelizes. Como é possível ter a prerrogativa do livre-arbítrio, e ao mesmo tempo, ser julgado por um Deus externo, porque errou? É claro que o Deus aqui imaginado, é o pessoal – o Deus Jeová – criado pela própria criatura, e que, de algum lugar do paraíso, está de espreita, a julgar essa pobre criatura.

Qualquer parte de seu corpo, aos seus olhos, ele parece sólido, mas na verdade não é. Submetendo-a, a um microscópio adequado, verá que se trata de uma massa de *energia* vibrando. Tudo é vibração, tudo é feito da mesma coisa (energia condensada). Seja seu corpo, o oceano, uma estrela. Tudo é 'energia'. "Cabe-nos assinalar, que, na essência, toda matéria é energia tornada visível e que toda energia, originariamente, é força divina de que nos apropriamos para interpor os nossos propósitos da Criação..."[21] Explica Emmanuel, em *Pensamento e vida*, lição 5, que "o corpo humano, devidamente estudado, revelou-se, não mais como matéria coesa, senão espécie de veículo energético, estruturado em partículas infinitesimais que se atraem e se repelem, reciprocamente, com o efeito de microscópicas explosões de luz". No Universo, na nossa galáxia, no nosso planeta e depois nos indivíduos, e aí dentro desse corpo, existem sistemas de órgãos, depois células, depois moléculas e depois átomos. E depois existe *energia*. Logo, são os muitos níveis em que pensar, mas tudo isso no Universo é *energia*. "A mesma matéria elementar é suscetível de passar por todas as modificações e de adquirir todas as propriedades, já que *tudo está em tudo*, no dizer dos espíritos".[22]

A química, a física e a astronomia demonstram que o homem terrestre mora num reino entrecortado de raios. Na intimidade des-

---

21   XAVIER, Francisco Cândido/André Luiz. *Evolução em dois mundos*, Primeira parte. I Fluido Cósmico.
22   Kardec, Allan. *O Livro dos Espíritos*, questão 33.

se glorioso império da energia, temos os raios mentais condicionando os elementos em que a vida se expressa. O pensamento é força criativa, a exteriorizar-se da criatura que o gera, por intermédio de ondas sutis, em circuitos de ação e reação no tempo, sendo tão mensurável como o fotônio que, arrojado pelo fulcro luminescente que o produz, percorre o espaço com velocidade determinada, sustentando o hausto fulgurante da Criação. [23]

À primeira vista, a expressão, "vós sois luzes", é entendida como mera recomendação mística de Jesus, conclamando os seguidores do culto externo de sua escola religiosa, para que desenvolvessem a luz interna, para enfrentar, após a morte, a imaginária e fantasiosa 'corte celestial'. No entanto, hoje, a orientação não é para depois da morte, já que o julgamento é algo que deve ser aplicado nos embates da vida, todos os dias, mediante os princípios de causa e efeito. Como cada pessoa é responsável pelo projeto de vida, é de sua inteira responsabilidade, num processo contínuo e infinito, fazer fulgir o seu potencial na máxima grandeza... Este é um trabalho que pertence somente à própria pessoa, não obstante seja comum apelar para forças externas: Deus, Espíritos, Espírito Santo, anjos protetores, santos, conforme a crença de cada um; nada, porém, ocorrerá sem a participação da *vontade* pessoal do ser em evolução. É neste entendimento que André Luiz afirma que, "o rio atinge os seus objetivos porque aprendeu a contornar obstáculos". Quanto mais se eliminam as imperfeições, na mesma proporção, abre-se espaço para que a luz resplandeça.

Neste mesmo sentido, pela física quântica, diz-se: "Vós sois fótons". Segundo Rohden, somos *lucigênitos*, porque, como tudo, somos nascidos da luz. Quando dizemos que somos espíritos e temos dois corpos: físico e perispírito, na realidade, tudo é energia em estados diferentes. Um exemplo bem simples são os estados físicos

---

23   XAVIER, Francisco Cândido, pelo espírito Emmanuel. *Pensamento e vida*, lição 5.

da água: líquido, gasoso e sólido. Embora seja água, composta de dois gases, hidrogênio e oxigênio, pode se apresentar em estados diferentes.[24]

A esse respeito, ao comentar a citação de Jesus, em nosso livro *O Evangelho de Tomé – o elo perdido*, registramos: "Há luz dentro de um ser luminoso, e ele ilumina o mundo inteiro. Senão iluminar ele é escuridão". (*Logion* 24), trouxemos à colação: "Ao golpear com toda força, com pesado martelo, um pedaço de uma pedra até quebrá-la, a pedra inteira resultará em pedaços de pedra. O mesmo ocorreria se fosse quebrada uma jarra de vidro, obter-se-iam pedaços de vidro, e assim também, com a madeira, o ferro, o barro, etc. Tudo aquilo que se quebra produz pedaços de si mesmo e torna-se algo menor do que era antes. Mas se tivéssemos que quebrar uma partícula, obteríamos um pedaço de partícula? Os cientistas descobriram que, ao quebrar sucessivamente essas partículas, obter-se-iam outras partículas, porém instáveis, de tal sorte que, com curtíssimo tempo, elas desapareciam (decaíam) em forma de luz ou fóton! As partículas atômicas são feitas de luz ou fóton. Assim qualquer coisa que existe em forma de matéria, necessariamente, é feita de luz ou fóton, e toda realidade física é feita de fótons; nós, as pedras, as árvores, os bichos, a água, o fogo, os planetas, as estrelas, as galáxias, o cérebro humano. O fóton, primário, em sua energia, torna-se partícula elementar do Universo, no quantum de energia, que é a menor quantidade de energia existente na realidade física.[25]

Entendamos, pois, que tudo que existe, origina-se da luz, não da luz criada, mas *luz incriada*. O princípio inteligente (luz) projeta-se em tudo. Assim é que, no homem, o Espírito é a individualização desse princípio inteligente, uma projeção da luz incriada, causa primeira de todas as coisas.[26] Essa luz incriada é a gênese da vida,

---

24 XAVIER, Francisco Cândido/ André Luiz. *Agenda cristã*, texto 35.
25 Ver nosso livro *O Evangelho de Tomé – o elo perdido*, lição 22.
26 Ver questão n. 1, de *O Livro dos Espíritos*.

energia pura, inteligente e criadora de tudo. Podemos entender essa luz invisível (primeira), incriada, como o Universo que manifesta sua essência em tudo que existe. Em outras palavras, tudo existe n'Ele, ou ainda, no dizer de Paulo (At. 17:28): "Nele vivemos, nos movemos e existimos".

É neste mesmo sentido que Jesus repetindo o salmista, diz: 'Vós sois deuses'. Ao que podemos acrescentar, por analogia: "Vós sois luzes" ou "Vós sois fótons". Somos projeções, em forma de fagulhas, dessa energia incriada. Ratificando este conceito, Emmanuel também afirma: "O corpo humano, devidamente estudado, revelou-se, não mais como matéria coesa, senão espécie de veículo energético, estruturado em partículas infinitesimais que se atraem e se repelem, reciprocamente, com o efeito de microscópicas explosões de luz". E complementa: "Na intimidade desse glorioso império da energia, temos os raios mentais, os elementos em que a vida se expressa. Pensamento é força criativa, a exteriorizar-se, da criatura que o gera, por intermédio de ondas sutis, em circuitos de ação e reação no tempo".[27]

Todos os nossos pensamentos, sentimentos e quadros mentais podem ser chamados de eventos externos em **gestação**, pois de uma forma ou de outra, cada um deles se materializa, na realidade física.[28] Daí ter dito um escritor: "Tome cuidado com o que você pede em oração, pois ele pode se materializar, um dia". No devido tempo, e, de acordo com a insistência mental e emocional com que se projeta o desejo, será facilitada a materialização, mais rápido do que se imagina. "Se fizermos algo uma única vez, uma coleção de neurônios livres formará uma rede, mas não 'entalhará a trilha' no cérebro. Quando alguma ação ocorre seguidamente, células nervosas desenvolvem uma conexão cada vez mais forte, e se torna mais fácil, progressivamente, acionar aquela rede. Se acionarmos repeti-

---

27 XAVIER, Francisco Cândido/Emmanuel. *Pensamento e vida*, lição 5.
28 *A natureza da realidade pessoal*, Seth por Jane Robert.

damente as redes neurais, os hábitos ficam cada vez mais estruturados no cérebro e se tornam difíceis de mudar. À medida que uma conexão é usada muitas vezes, ela fica mais forte. Isto pode ser uma vantagem – uma aprendizagem – mas também pode tornar mais difícil a mudança de comportamentos indesejáveis".[29]

Assim, como fulcro na importância do pensamento, como gestor do destino, Ramtha ensina: "A única forma de fazer bem a mim mesma não é pelo que faço a meu corpo – mas o que faço à minha mente".[30] O que eu faço com minha mente afeta o meu corpo, porque tudo é uma coisa só. As energias emanadas pelo pensamento atingem as células que compõem o corpo. Elas (as células) estão atentas às ordens deferidas pelo pensamento, executando, conforme imaginamos. "Nenhum mestre digno desse título deixa que o dia lhe aconteça; pelo contrário cria o seu dia".[31] Nossa vida é consequência das nossas escolhas. Nossa vida não se limita a "acontecer", "deixar rolar"; ela está baseada nas escolhas que fazemos – ou nos eximimos de fazer – a cada dia.

É nesta ótica que o médico-escritor Deepak Chopra afirma que "as células estão constantemente 'bisbilhotando' os nossos pensamentos e modificadas por eles". Somos as únicas criaturas na face da terra capazes de mudar nossa biologia pelo que pensamos e sentimos! Um surto de depressão pode arrasar seu sistema imunológico; apaixonar-se, ao contrário, pode fortificá-lo tremendamente. A alegria e a realização nos mantêm saudáveis e prolongam a vida. A recordação de uma situação estressante, que não passa de um fio de pensamento, libera o mesmo fluxo de hormônios destrutivos que o estresse. Pela mente faço bem ou mal ao meu corpo todo, já que as células estão sempre prontas a atender a voz de comando do pensamento. Você está vivendo hoje o que pensou ontem, e viverá

---

29 ARNTZ, William e outros. *Quem somos nós?*
30 Idem, ibidem.
31 Idem, ibidem.

amanhã, o que pensar hoje. Daí a necessidade de educarmos o nosso 'pensar', crendo que podemos ser o que imaginamos. Todos os dias, ao se levantar pense no que você quer "criar" para que venha ser acrescentado à sua rede neural, fazendo com que ela não se acomode, pois o importante é crescer continuamente. Não duvide, esta é a mecânica!

Ainda afirma Deepak Chopra, complementando seus ensinamentos sobre a ideia de que somos o que pensamos:

Quem está deprimido por causa da perda de um emprego projeta tristeza por toda parte no corpo – a produção de neurotransmissores por parte do cérebro reduz-se, o nível de hormônios baixa, o ciclo de sono é interrompido, os receptores neuropeptídicos na superfície externa das células da pele tornam-se distorcidos, as plaquetas sanguíneas ficam mais viscosas e mais propensas a formar grumos e até suas lágrimas contêm traços químicos diferentes das lágrimas de alegria.

Todo este perfil bioquímico será drasticamente alterado quando a pessoa encontrar uma nova posição. Isto reforça a grande necessidade de usar nossa consciência para criar os corpos que realmente desejamos. A ansiedade por causa de um exame acaba passando, assim como a depressão por causa de um emprego perdido.

O processo de envelhecimento, contudo, tem que ser combatido a cada dia. Shakespeare não estava sendo metafórico quando Próspero disse: "Nós somos feitos da mesma matéria dos sonhos".

Você quer saber como está seu corpo hoje? Lembre-se do que pensou ontem. Quer saber como estará seu corpo amanhã? Examine seus pensamentos hoje! Ou você abre seu coração, ou algum cardiologista o fará por você!

3

PENSAMENTO CRIA VIDA

Nosso pensamento cria a vida que procuramos, através do reflexo de nós mesmos...
Emmanuel, *Pensamento e vida.*

COM ESTE TÍTULO, desenvolvemos comentários em nosso livro *Aprendendo com Nosso Lar*,[32] quando destacamos a preleção da ministra Veneranda, naquela colônia, trazendo apontamentos importantes sobre o pensamento, e oferecendo-nos profundas reflexões, que ratificam as informações, até aqui expostas, em relação à mente, como a 'gestora' de nosso destino. André Luiz reporta-nos, com detalhes, os preciosos ensinamentos da preletora que, se aplicados, muito nos ajudarão na construção de uma vida, paulatinamente, mais feliz, em harmonia com as leis do Universo. Pelas reflexões expostas até aqui, cremos que o leitor já compreendeu que "o homem é o que ele pensa", porque é através do pensamento que se cria a vida.

Muita gente pode pensar que se trata apenas de meras 'dicas' de autoajuda, descritas em inúmeros livros que ocupam, cada vez

---

32   Ver nosso livro, *Aprendendo com Nosso Lar*, lição 11.

mais, as prateleiras das livrarias, servindo como autossugestão, mas que, na prática, não funcionam. Constate por você mesmo, que, na realidade, o pensamento é a 'voz' de comando da vida. É o gênio da lâmpada de Aladim, sempre pronto para atender o que criamos na mente. Também, em tempos anteriores, duvidando, por imaturidade, questionamos a afirmação de Jesus, "**tudo** é possível àquele que crê",[33] aceitando-a como mera força de sugestão. No entanto, se tal pensamento foi dele ou de qualquer outro líder espiritual, isto pouco importa, pois trata-se de uma lei universal, e que, se colocada em ação, se alcança, no devido tempo, a materialização do que se pensa. Observe, experimente, pratique!... Se você quer, você pode!

Daí porque a ministra Veneranda sugere: "**Compreendamos a grandiosidade das leis do pensamento e submetamo-nos a elas, desde hoje**". Submeter-se às leis do pensamento é acatar os resultados e consequências daquilo que pensamos. "Todos somos compulsoriamente envolvidos na onda mental que emitimos de nós, em regime de circuito natural", afirma Emmanuel.[34] Não adianta pensar negativamente, e querer que o Universo tenha 'peninha' de você, respondendo positivamente, para trazer-lhe alegria e felicidade. Afinal, como detentor do livre-arbítrio, é você que escolhe! Não é por ordem divina que executamos determinadas tarefas, e sim, uma predeterminação nossa, segundo as inclinações ou a continuidade de propósitos e experiências anteriores, ou missões não acabadas. Os males e as virtudes que cultivamos ao longo de nossas muitas existências carnais, nós os trazemos na bagagem a cada retorno à vida terrena (e os levamos de volta), até que tudo que nos diz respeito se concretize. Encontramos no caminho os frutos do bem ou do mal que semeamos. Não se trata apenas de orientação religiosa, mas de uma realidade universal. Seja você judeu, cristão, islâmico, budista, ou não filiado a uma crença religiosa, os efeitos obtidos

---

33   Idem nosso livro, *Para falar com Deus*, lição 15.
34   XAVIER, Francisco Cândido/Emmanuel. *Pensamento e vida*, lição 10.

serão sempre os mesmos. "Cada criatura viverá aquilo que cultiva. Quem se oferece diariamente à tristeza, nela se movimentará; quem enaltece a enfermidade, sofrer-lhe-á o dano".[35]

Vamos, então, 'degustar' alguns ensinamentos da ministra Veneranda, anotados por André Luiz, em seu estágio de aprendizagem na colônia Nosso Lar:

1. Não haviam aprendido que o pensamento é linguagem universal?

Hoje, através de pesquisas científicas de ponta, neurocientistas admitem a existência em formação da consciência, em todos os mamíferos, aves e outras criaturas. O desenvolvimento da consciência é um processo progressivo que começa nos seres anteriores da criação, depois de "ensaios" em milhões de anos, até atingir a escala humana. E nesta, também, a consciência continua em desenvolvimento ao infinito. Na condição de Espírito (agora, como individualização do princípio inteligente), o ser adquire a faculdade de pensar. E é isto que distingue o homem dos animais, embora estes já estejam exercitando a consciência. Assim, quando o princípio inteligente "ensaia" para a vida, desabrocha gradativamente, a consciência. Ela não surge 'abruptamente' como um raio em céu sereno. É fruto de longa caminhada nos milhões de anos, por que passa o espírito, nos seres anteriores da escala humana.

O pensamento é patrimônio do espírito, e as leis que o regem são as mesmas a todas as criaturas. Por isso, a recomendação da instrutora no texto em epígrafe. Atentemos que "as Leis de Deus estão gravadas na consciência". Assim, à medida que crescemos em entendimento, mais compreendemos que a perfeição – que é uma construção contínua – é proporcional ao alinhamento vibracional

---

35 Idem, *Nosso Lar*, lição 37.

46 | JOSÉ LÁZARO BOBERG

do espírito com o Universo. Em linguagem religiosa, diz-se que o homem é feliz, quando faz a 'vontade de Deus'. Fazer a 'vontade de Deus', sob esta a ótica da física quântica, é estar em sintonia com as Leis do Universo. Em outras palavras, é o que a ministra recomenda, estar em harmonia com as leis do pensamento, que é o potencial divino em nós.

2. Não foram informados que a criação mental é quase tudo em nossa vida?

Atente para o termo "criação mental". Diz a orientadora espiritual que ela é "quase" tudo na vida. Por que não, "tudo" na vida? Afinal, somos o que pensamos, ou seja, não somos nós que criamos tudo, pelas leis da mente? Para responder esta pergunta, amparamo-nos em Emmanuel: "Ninguém poderá dizer que toda enfermidade, a rigor, esteja vinculada aos processos de elaboração da vida mental, mas todos podemos garantir que os processos de elaboração da vida mental guardam positiva influenciação sobre todas as doenças".[36] É óbvio que, para entendermos o pensamento da mentora espiritual, precisamos ter como fulcro a pluralidade *de existências*. O caminho que iniciamos em determinada existência é o prolongamento dos caminhos que percorremos naqueles que o precederam. Se estivermos aprisionados à ideia da *unicidade de existência*, fatalmente, atribuiremos ao destino – quando não, a "castigos de Deus" – certas anomalias pelas quais a pessoa passa na vida. No entanto, tudo tem uma gênese, e esta está vinculada a nossa máquina mental.

Entendemos que, embora muitas moléstias trazidas desde o berço e, às vezes, seguindo a criatura por toda a vida, até a desencarnação, têm início no pensamento, mesmo que sejam de experiên-

---

36 XAVIER, Francisco Cândido/Emmanuel. *Pensamento e vida*, lição 28.

cias anteriores à vida atual. Estejamos no corpo ou fora dele, tudo está gravado na memória do espírito. É neste entendimento, que complementa Emmanuel: "As inibições congeniais, as mutilações imprevistas e as enfermidades dificilmente curáveis catalogam-se, indiscutivelmente, na tabela das provações necessárias, como certos medicamentos imprescindíveis figuram na ficha de socorro ao doente; contudo, **os sintomas patológicos** na experiência comum, **em maioria esmagadora, decorrem dos reflexos infelizes da mente sobre o veículo de nossas manifestações, operando desajustes nos implementos que o compõem**".[37] (grifos nossos). É por isso que a mentora fala em "quase tudo".

Ratifica, assim, o nobre espírito, tal como estamos estudando, que a "maioria esmagadora" de nossas doenças origina-se de pensamentos desajustados sobre o corpo físico.[38] O texto escrito em 1958 está atualíssimo. É muito conhecida a famosa e antiga citação latina *Mens sana in corpore sano*. Não podemos dissociar mente de corpo. Todos nós já experienciamos sintomas físicos, quando estamos mais ansiosos, tristes ou irritados. Como consequência destas emoções que causam desconforto e mal-estar, podem surgir alterações gastrointestinais, dermatológicas, dores de cabeça ou dores musculares. O efeito de fatores psicológicos sobre os processos orgânicos do corpo chama-se psicossomatização. Ensina-nos Emmanuel, que "as emoções doentias, quaisquer que sejam, geram estados enfermiços".[39]

No mesmo sentido, o reverso também é verdade, pensamento saudável e otimista, proporciona bom humor, ajuda a manter boas relações sociais, melhora o rendimento do trabalho, serve como barreira à ansiedade, fortalece a autoestima, reduz a dor e o sofrimento físico, reforça o sistema imunológico, ajuda na recuperação

---

37 XAVIER, Francisco Cândido/Emmanuel. *Pensamento e vida*, lição 28.
38 Sugerimos que o leitor não apenas leia, mas estude a lição 28, do livro *Pensamento e vida*.
39 Idem, ibidem, lição 15.

de doenças e intervenções cirúrgicas, entre outros benefícios. A solução, portanto, é 'treinar' o controle do pensamento, evitando produzir criações impróprias. Assim, estaremos construindo a nossa própria felicidade. Mas, a construção do pensamento positivo deve ser uma constante, um estilo de vida e em todos os aspectos da vida.

3. O pensamento é a base das relações espirituais dos seres entre si, mas não olvidemos que somos milhões de almas dentro do Universo, algo insubmissas ainda às leis universais.

O relacionamento entre as criaturas se processa, tendo por base o pensamento, quer seja por gestos, por expressão corporal, por linguagem de sinais, por meios de comunicação eletrônica, quer mesmo, através do convencional uso de palavras. Tudo tem por gênese a elaboração mental. Ensina-nos a orientadora, em questão que, "nas mentes evolvidas, entre desencarnados e encarnados, basta o intercâmbio mental, sem necessidade das formas, e é justo destacar que o pensamento em si é a base de todas as mensagens silenciosas da ideia, nos maravilhosos planos da intuição".[40] Embora se possam aprender vários idiomas, de acordo com a língua de cada povo, a linguagem do pensamento é universal. Pare e pense: tudo que se materializa na Terra é fruto do pensamento. Atente para a importância do uso da mente na construção de tudo que existe. As grandes invenções, as guerras, os comportamentos que manifestamos, a paz, a fraternidade, entre outros, começam na usina mental.

Cada espírito encontra-se, no processo evolutivo, em determinado patamar de adiantamento. Então, obviamente, diz-nos a lógica que, por esta razão, somos todos diferentes em maturidade, na escala evolutiva. Assim, somos milhões de almas ainda insubmissas às leis do Universo. Dependendo do estágio de aprendizagem em

---

40   Idem, ibidem, lição 37.

que o espírito se encontra, não respeitando nem as leis humanas, que são regras de convivência necessárias na vida social, imagine as chamadas Leis do Universo que dependem da construção mental positiva? Desta forma, afirma a ministra: "Em geral, nas atividades terrenas, recebemos notícias dessas leis sem nos submetermos a elas, e tomamos conhecimento dessas verdades, sem lhes consagrarmos nossas vidas".

Diz-se que há tempo para tudo: "Há tempo de nascer, e tempo de morrer; tempo de plantar, e tempo de arrancar o que se plantou" (Ec. 3). Obviamente, há, também, o tempo de 'entendimento'. Assim, no tempo próprio, haverá o despertar da espiritualidade, que fará com que o ser em evolução, por meio do confronto com a lei de causa e efeito, se alinhe, gradativamente com o Universo. Somos eternos aprendizes em busca da perfeição infinita. A perfeição absoluta pertence somente a Deus. Neste sentido, estamos em processo contínuo de aprendizagem, sem que atinjamos o absoluto.[41] Diz Kardec que "A completa felicidade prende-se à perfeição, isto é, à purificação completa do espírito". E complementa dizendo: "Toda imperfeição é, por sua vez, causa de sofrimento e de privação de gozo, do mesmo modo que toda perfeição adquirida é fonte de gozo e atenuante de sofrimentos".[42] Entendamos, neste contexto, a palavra "completa", no sentido de 'perfeição relativa', já que a felicidade dos espíritos é sempre proporcional à sua elevação.

4. Será crível que, somente por admitir o poder do pensamento, ficasse o homem liberto de toda condição inferior? Impossível.

Existe uma diferença entre a fé *que crê* e a fé *que sabe*. A primeira é fruto da "crença', sem qualquer comprovação. Assim, a título de exemplo, quem crê nos milagres atribuídos a Jesus: andar sobre as

---

41 KARDEC, Allan. *O Evangelho segundo o Espiritismo*, cap. 17.
42 Idem, *o Céu e o Inferno*, Cap. VII, Item 2.

águas, transformar água em vinho, nascimento virginal, ressurreição, entre outros, apenas **crê**. Saliente-se que milagre é derrogação da Lei Universal, conforme asseverou Kardec. A segunda é consequência de experimentação, quando você pode dizer: Eu não creio, **eu sei**. "Fé inabalável é aquela que pode enfrentar a razão face a face em todas as épocas da Humanidade".[43] Nesta ótica, eu posso **crer** no poder do pensamento, mas não colocar em prática, ficando apenas no campo teórico. Ou, então, tentar aplicar, mas, por falta de persistência, abandonar diante do primeiro obstáculo. Uma frequentadora de nossa casa espírita disse-nos que ficou empolgada com o livro *O segredo*, da autora americana, Rhonda Byrne, um sucesso mundial na área de autoajuda, em que a tônica nevrálgica de seu teor, é o poder do pensamento. Depois de alguns dias de aplicação de seu conteúdo, abandonou, por achar que não funcionou com ela.

Já disse Jesus, num de seus discursos, que *só se salvará aquele que perseverar até o fim*. Embora seja uma linguagem bíblica de 'salvação', não aceita pelo espiritismo, o texto nos remete ao sentido de *vencerá*, de persistência até o fim. Os hábitos estão fixados na rede neural e sua mudança só ocorrerá com persistência, por força de vontade. Se lutarmos, conseguiremos. Afinal, qual o sentido da educação? É questão de tempo. Depois da experimentação, chega-se à fé **que sabe**. À medida que uma conexão nervosa é usada muitas vezes, ela fica mais forte, mais estabelecida e transforma-se em hábito. E a mudança de hábito torna-se difícil, mas não impossível. Com o tempo, pode-se reverter um hábito, quando deixamos de usar aquela conexão. Tal mudança não ocorre 'da noite para o dia', mas, com o passar do tempo, conseguiremos "apagar" o que foi gravado na mente. Então, o que se conclui, é que podemos, pelo pensamento, mudar o comportamento atual, substituindo-o por outro.

---

43   Idem, *O Evangelho segundo o Espiritismo*, cap. 15.

5. **Informamo-nos a respeito da força mental no aprendizado mundano, mas esquecemos de que toda a nossa energia, nesse particular, tem sido empregada por nós, em milênios sucessivos, nas criações mentais destrutivas ou prejudiciais a nós mesmos.**

Diz a ministra que, "esquecemos que toda a nossa energia tem sido empregada por nós, em milênios sucessivos nas criações mentais destrutivas ou prejudiciais a nós mesmos". Todo pensamento sombrio adoece o corpo. Assim sendo, quando a energia mental é canalizada para o mal, estamos carreando a nós mesmos a própria destruição. "Cultivar melindres e desgostos, irritação e mágoa é o mesmo que semear espinheiros magnéticos e adubá-los no solo emotivo de nossa existência".[44] Atentemos, todavia, que a aprendizagem ocorre assim mesmo. Aprender é algo pessoal e como o Universo é receptivo aos nossos pensamentos, de acordo com a maturidade espiritual, cada um emana de si o que possui, e não restam dúvidas de que a aprendizagem virá, como consequência. Qualquer experiência desagradável produzida nos ajudará a aprender, conquistando patamares mais elevados. Assim é que as escolhas erradas são prejudiciais a nós mesmos. Mas, passada a experiência, aprendemos. Esta aprendizagem é proporcional ao estágio evolutivo alcançado; portanto, ela será sempre 'provisória' e num *continuum* infinito de erros e acertos, vamos crescendo um pouco mais.

6. **"Somos admitidos aos cursos de espiritualização nas diversas escolas religiosas do mundo, mas com frequência agimos exclusivamente no terreno das afirmativas verbais. Ninguém, todavia, atenderá ao dever apenas com palavras".**

---

44 XAVIER, Francisco Cândido/Emmanuel. *Pensamento e vida*, lição 29.

Vinculamo-nos à determinada crença religiosa e as orientações espirituais são no sentido do desenvolvimento dos valores morais. Somos, muitas vezes, conhecedores de textos religiosos, com capacidade de citá-los de memória, para as diversas situações. Isso, todavia, não resolve se, efetivamente, não transformamos as afirmativas verbais em ação. Não é o que mais vemos no seio do movimento religioso? Jesus chamou de 'sepulcros caiados' aqueles que assim agem. Mas não se aflijam, todos passamos pelos mesmos estágios. O progresso moral nem sempre acompanha o progresso intelectual.[45] Seu desenvolvimento dar-se-á no tempo de cada um...

Entendamos, todavia, que as religiões desenvolvem um papel social importante. Sem elas, quanta gente teria se perdido diante das adversidades da vida. O primeiro passo de todo crente, diante da fé religiosa escolhida, é o da 'empolgação', acreditando que basta frequentar determinado culto, para que sua vida mude. Citam passagens bíblicas, as proezas dos profetas, a intervenção de Deus, etc. Não obstante, depois de certo tempo, o racional supera o emocional, e o crente passa a entender que a coisa não é tão simples assim. Não basta ouvir a "palavra", é preciso colocá-la em prática. Mas mesmo, na fase da "palavra" apenas, uma vez crendo, o devoto alcançará resultados positivos. É melhor *crer* do que *não crer*... Diz Meimei que "o maior infortúnio do ser é sofrer a privação da fé e prosseguir vivendo".

7. "Todos sabemos que o pensamento é força essencial, mas não admitimos nossa milenária viciação no desvio dessa força".

Diz-se que Deus nos dá a vida – gérmen – mas o desenvolvimento é de responsabilidade de cada um. Ao iniciarmos a trajetória evolutiva, na condição humana, somos simples e impuros. O pro-

---

45   KARDEC, Allan. *O Livro dos Espíritos*, questão 785.

gresso é a meta do espírito. O pensamento desabrocha, consequência de inúmeras experiências e se aperfeiçoa, gradativamente. Nos princípios de causa e efeito, o espírito vai construindo o seu crescimento. O pensamento é a força geratriz para todas as realizações. Nem sempre, porém, assumimos a paternidade das consequências do que criamos no pensamento. Usamos mal a força de que somos dotados, sem admitir, em razão da imaturidade, o reflexo de nossas viciações, preferindo, para proteger o ego, atribuir nossos desatinos a terceiros. É a chamada *vitimização*. Compreendamos, no entanto, que a responsabilidade pela produção mental será proporcional ao grau evolutivo do espírito.

A ministra Veneranda para didatizar o conceito de que somos os responsáveis pelas nossas criações mentais, traz algumas comparações práticas, dizendo:

- *Da mesma forma que o homem é obrigado a alimentar os próprios filhos, cada espírito é compelido a manter e nutrir as criações que lhe são peculiares.*

Assim, se crio ideias criminosas, a minha mente produzirá, no mesmo diapasão, estratégias diversas para a consecução do intento, porquanto, 'semelhante atrai semelhante'. Ela continua trabalhando a meu favor. O Universo, não sendo excludente aceita tudo que pensamos, seja bom, seja ruim.

- *Um princípio elevado obedecerá à mesma lei.*

Por outro lado, se produzo ideia do bem, serei, também, auxiliado pelas leis do Universo, presentes na minha mente. Experimente, com decisão sincera, elaborar um projeto de benemerência, como por exemplo, visitar pelo menos uma vez por semana, uma casa de assistência aos necessitados. Logo, começam a pulular na mente uma série de ideais que enriquecerão o seu desejo no bem. Ocorre, da mesma forma, do ponto de vista espiritual, a aproximação de entidades espirituais que vibram na mesma sintonia. Eis aí, o início da influenciação. Veja que a causa inicia sempre no próprio agente.

- *Após elevar-se à altura, a água volta purificada, veiculando vigorosos fluidos vitais, no orvalho protetor ou na chuva benéfica; conservando-a com os detritos da terra e faremos dela habitação de micróbios destruidores.*

O conceito não poderia ser mais claro. A mesma água que cai, depois de se evaporar, transformando em nuvens, volta à terra veiculando fluidos vitais no orvalho protetor ou na chuva benéfica, pode, no entanto, tornar-se, se conservada entre os detritos da terra, em casa de micróbios destruidores.

É neste entendimento que o pensamento cria a vida que procuramos, emitindo energias que irão identificar-se com as leis do pensamento. Criminosos ou santos, os pensamentos, no devido momento, se concretizam. Eduquemos o nosso pensar, substituindo os pensamentos destruidores, por outros voltados ao bem, pois, caso contrário, iremos habitar na casa que construímos. Cada pessoa pode controlar seus pensamentos e, pela vontade, obter uma reação final correspondente. Somos donos dos pensamentos. E, como tal, com maior ou menor dificuldade, podemos alimentá-los, dirigi-los, expandi-los, reduzi-los ou rejeitá-los. É óbvio que tudo está atrelado à maturidade de cada espírito.

8. **"O pensamento é força viva, em toda a parte; é atmosfera criadora que envolve o Pai e os filhos, a Causa e os Efeitos, no Lar Universal. Nele, transformam-se homens em anjos, a caminho do céu ou se fazem gênios diabólicos a caminho do inferno".**

Todos estamos interligados pela energia cósmica universal, tais como os peixes nos oceanos. Quando pensamos, de imediato, projetamos, por ondas mentais, o que criamos. "Onde estiver o teu tesouro, **aí está** também o teu **coração**", disse Jesus. É óbvio que coração tem sentido de mente, de pensamento. Não existe distância, nem barreira material alguma que impeça o contato com o objeto de nossos pensamentos. "É pelo pensamento que o homem goza de liberdade sem limites, pois o pensamento não conhece obstáculos. Pode-se impedir a sua manifestação, mas não aniquilá-lo", afirmam os espíritos.[46] Daí porque, cada um é Deus de si mesmo, e pelas leis de causa e efeito, irá, no tempo certo, aprender com as consequências do pensamento.

É pela atmosfera criativa do pensamento que criamos o nosso lar Universal, projetando a nossa psicosfera, sempre sob a égide atenta da lei de causa e efeito. Não temos julgamento externo no mundo espiritual e encaminhamento para lugares especiais, denominados de inferno e céu. Eles são frutos do imaginário dos teólogos. Eles são estados d'alma, em constante mutação, em razão da produção mental. Tudo ocorre no foro íntimo da consciência, pelos princípios da lei de causa e efeito. Assim, sem crise alguma, quando, por imaturidade, alimentamos o mal no pensamento, não merecemos qualquer castigo de um Deus externo. Da mesma forma, o bem que fazemos traz felicidade, não por premiação externa, mas pelas benesses recebidas em razão do alinhamento às Leis Universais. Por mecanismos próprios do Universo, nos corrigiremos no tempo de entendimento, pois, dotados do livre-arbítrio, podemos nos transformar em homem de bem, que nos conduz à paz interior, ou em gênios do mal, a caminho da infelicidade, dependendo do estágio evolutivo de cada um. Mas o importante é entendermos que nada é definitivo. Estamos em

---

46 KARDEC, Allan. *O Livro dos Espíritos*, questão 833.

contínua aprendizagem, errando e aprendendo, continuamente, num processo de correção infinita.

Não se diz que a vida nos ensina? É pura verdade. Aprendemos com os erros, pois eles são "despertadores" de nossa inércia. Ninguém aprende só com os acertos. Acreditamos que estar errado é ser inferior. Por razões culturais, associamos erro à estupidez, irresponsabilidade, preguiça ou falta de esforço. Sentimo-nos idiotas quando erramos. No entanto, se você ainda não pensou sobre este ângulo, chegou a hora de tranquilizar-se, quanto aos equívocos cometidos. Muitos deles estão insistentemente projetando-se na sua mente, causando problemas ao corpo, num processo de somatização.

No entanto, para aprender, errar é preciso. "Aprendemos mais com os erros do que com os acertos. É bom acertar, ótimo para o ego, nossa sobrevivência depende de conclusões corretas sobre o mundo. Mas **estar certo não é um processo de aprendizado, é um processo de reforço** (grifei). Você não registra muita informação em estar certo a respeito de algo. Já quando percebe que está errado é forçado a recuar e a reconstruir a ordem dos fatos, o que lhe permite aprender".[47] A luta pela mudança de uma situação negativa para uma positiva é um processo contínuo e persistente. É assim que crescemos em felicidade, ao substituir o erro pelo acerto.

Todos os grandes mestres da Humanidade, como Buda, Confúcio, Jesus, entre outros, que já alcançaram uma condição evolutiva, avante de seu tempo, não a conquistaram gratuitamente. Só se iluminaram depois de muitas batalhas pelos caminhos milenares da espiral evolutiva. Eles também passaram pelos caminhos do erro. Ou você acredita que eles já nasceram perfeitos? Não há privilégios nas leis do Universo. Por exemplo, essa ideia de que Jesus "é o mesmo ontem, hoje e sempre" (Hb. 13:8), não tem sustentação lógica,

---

47 SCHULZ , Kathryn, autora de *Por que erramos?*

sob a ótica da evolução. Cada espírito é responsável por si mesmo, diante das Leis do Universo, seja lá quem for. Não existe exceção.

Assim, ninguém, mas, ninguém mesmo, pode substituir você neste objetivo. Podemos ser orientados por amigos, mestres espirituais, espíritos luminares, mas, em última análise quem decide, por força do livre-arbítrio, somos nós mesmos. Reprogramando os pensamentos no bem, corrigindo constantemente os equívocos, trocando-os por outros positivos, todos crescerão, cada um a seu tempo, em perfeição relativa. Atente para o conselho de Jesus, segundo João. "Tudo que eu faço vós também podeis fazer e muito mais. Afinal, vós sois deuses". Neste sentido, entregar-se nas "mãos" de Jesus, de Deus, dos santos, dos espíritos, sem fazer a sua parte, pode funcionar apenas como sugestão. Não há moleza para ninguém. Trabalha que o céu (Lei Divina) te ajudará (responderá). Se os espíritos dizem que Jesus é o guia e modelo para a Humanidade, isto não foi prêmio sem mérito, mas fruto de árdua aprendizagem em existências milenares. Se você quer, você pode. Tudo é questão de tempo...

4

VISUALIZAÇÃO

A visualização criativa é uma técnica que consiste em usar a sua imaginação para criar o que você deseja em sua vida.
Shakti Gawai

TENDO O PENSAMENTO, nesta obra, como ponto central destas reflexões, analisemos a importância da *visualização* na consecução de nossos objetivos. Na verdade, a *visualização* é uma técnica do pensamento, concentrada em imagens daquilo que almejamos e isso produz sentimentos e emoções, que irão facilitar a materialização de desejos. Quando estamos visualizando, emitimos frequência ao Universo. Como, pela lei da atração, o Universo – que funciona como um espelho – reflete a imagem, tal como a imaginamos. O certo é que, ao visualizar, com intensidade, a foto do que você está projetando, com o tempo, se materializa. Quando se visualiza, geram-se pensamentos e sensações poderosas de ter posse do que se quer. Em condições de confiança, sem titubeios, o Universo, pela lei da atração, retorna a você a realidade, como se projetou. No dizer de Albert Einstein, "O segredo da criatividade está em dormir bem e abrir a mente às possibilidades infinitas. O que é um homem sem sonhos?".

Não obstante, mesmo que inconscientemente, muitos de nós usamos a visualização. Entre nós, ocidentais, impera a influência religiosa judaico-cristã, que, ao longo dos séculos, tem trazido a seus adeptos, em várias igrejas, esperança e discernimento. Apesar disso, muitas de suas ideias e dogmas de efeito problemático têm levado as pessoas a imaginar que as privações, as limitações, os problemas e as dificuldades pelas quais passamos, são consequências do destino. No geral, ainda se aceita a falsa e decadente ideia de 'certo' e 'errado', de 'pecado' e 'salvação'. Ora, nossos atos são de livre escolha do pensamento, oferecendo-nos sempre 'experiências', condição *sine qua non* para o ato de aprender. Ensina-nos André Luiz que "Incorporando a responsabilidade, a consciência vibra desperta e, pela consciência desperta, os princípios de ação e reação funcionam, exatos, dentro do próprio ser, assegurando-lhe a liberdade de escolha e impondo-lhe, mecanicamente, os resultados respectivos, tanto na esfera física quanto no mundo espiritual".[48] É nesta linha de entendimento que muitos chegam a dizer: "Isto faz parte de meu carma..." quando, na maior parte, são consequências da criação mental, e o Universo, está apenas respondendo ao que se projetou.

Imaginação é a capacidade de criar uma ideia ou representações em nossa mente. É uma ferramenta importante para produzir o que realmente se deseja: amor, realização pessoal, prazer, relacionamentos satisfatórios, empregos, saúde, beleza, prosperidade, paz de espírito ou outros desejos que almejamos. Entendamos, pois, que a visualização é mecanismo que possibilita a toda criatura acesso aos desejos, depositando-os na mente e acreditando que o Universo responderá da forma como pensamos. Pela "imaginação", você produz uma "imagem" na mente, de forma precisa, daquilo que você deseja. Mas não para aí. Devemos continuar concentrando

---

48   XAVIER, Francisco Cândido. *Evolução em dois mundos*, texto XI.

na representação mental e crendo que aquilo vai acontecer. Transmita energia positiva intensamente, até que aquilo se transforme em realidade objetiva.

Quantas vezes desejamos a materialização das 'mentalizações' ou das 'fotos mentais', mas, por desconhecimento das leis da mente, desviamos o "foco" do pensamento, não nos fixando com intensidade nos nossos desejos. Em outras ocasiões, por orientação errônea, apenas entregamos nossos desejos a uma força exterior: Deus, Jesus, espíritos superiores, santos, anjos, tudo de acordo com a crença professada. Ora, quando isto acontece, deixamos de trabalhar nossos desejos, que são intransferíveis, esperando que algo aconteça, de 'fora para dentro', milagrosamente. Sobre o assunto, Lísias, em preleção a André Luiz, ensina que "Quando alguém deseja algo *ardentemente*, já se encontra a caminho de sua realização"... Em seguida, complementando a instrução sobre esta mecânica da concretização daquilo que desejamos, apresenta precioso roteiro de crescimento, dizendo que: "a realização nobre exige três requisitos fundamentais, a saber: primeiro, *desejar*; segundo, *saber desejar*; e, terceiro, *merecer*, ou, por outros termos, vontade ativa, trabalho persistente e merecimento justo". Dito de outra forma: devemos pensar "naquilo" que visualizamos, e trabalhar intensamente, até sua concretização. Vale relembrar que a Mente Universal não seleciona, fazendo exclusão; acata o que projetamos; seja bom, seja mal. Por isso, a orientação do instrutor deve ser analisada com mais acuidade. Não se trata de mero conceito religioso, mas de Leis da Mente.

Neste sentido, a técnica do sucesso para que se consiga a materialização dos desejos é 'criar' no pensamento, visualizar a imagem do que se deseja. Esta ação deve estar acompanhada de **sentimentos**, para que os desejos sejam, com o tempo, fixados pelas Leis da Mente. Esta concentração deve ser insistente, sempre focada no que se deseja, de tal sorte que já visualizemos, antecipadamente, o resultado final. É o sentimento que realmente produz a atração, não apenas a imagem ou o pensamento. Pensam alguns que basta pensar em coisas positivas, acompanhadas de visualizações e pronto, o Universo lhe retorna. É preciso mais, a química dos sentimentos, a certeza de que as coisas acontecerão. Não há fatos em nossa vida, ocorridos há muito tempo, que jamais esquecemos? É que eles foram fixados na rede neural, acompanhados de **forte emoção**.

Outro aspecto importante: **Não duvide**. Quando, neste processo, você coloca dúvida, pensando que não terá o resultado desejado, na mesma proporção, você registra na mente a dúvida e nada vai acontecer. Daí a importância em colocar-se fé verdadeira, em nossos projetos, imaginando que eles já estão acontecendo na vida. A respeito do assunto, Tiago, em sua Carta, 1:6, afirma: "Peça-a, porém, com fé, em nada duvidando; porque o que duvida é semelhante à onda do mar, que é levada pelo vento, e lançada de uma para outra parte". Mesmo que surja dúvida, jogue-a para longe, e comece novamente, substituindo o quadro mental negativo, por outro positivo. Retome o pensar positivo, com insistência. No conselho de Chico Xavier, "Embora ninguém possa voltar atrás e fazer um novo começo, qualquer um pode começar agora e fazer um **novo fim**"... Tente outra vez...

Uma técnica interessante para dar asas à imaginação é a criação de um painel de visualização, colocando nele imagens de todas as coisas que você quer, e imagens de como você quer que sua vida seja. Coloque o painel em um lugar onde você possa vê-lo. Olhe para ele todos os dias. Tenha a sensação de possuir aquelas coisas agora. Após receber, e sentir gratidão por receber, você pode substituir as imagens por outras. É uma forma maravilhosa de apresentar às crianças a lei de atração. Eu espero que a criação de um quadro de visões inspire pais e professores em todo o mundo. [49]

Joanna de Ângelis, através de Divaldo Pereira Franco, oferece-

---

49 Ler nosso livro *O segredo das bem-aventuranças*.

-nos sugestivo material para realizarmos "visualizações terapêuticas", objetivando a superação de desafios que se tornaram problemas perturbadores.[50] Diz ela que, "as terapias alternativas estão oferecendo-nos, uma visão extraordinária do ser humano, e, graças a elas, se pode perceber a interação espírito-corpo, mente-matéria". Afinal, como vimos afirmando, nós somos aquilo que construímos na mente. Tudo aquilo que projetamos, mesmo de forma inconsciente, é arquivado. Os nossos projetos mentais retornam de alguma forma, proporcionando-nos bem ou mal-estar, saúde ou doença, alegria ou tristeza.

Informa ainda a mentora, complementando: "A grande proposta das visualizações é facultar-lhe a oportunidade de injetar novas ideias no seu inconsciente, para que lhes assimile e, depois, possa projetá-las no comportamento emocional, nas reações psíquicas. Como ninguém pode viver sem pensar, sempre que ocorra um pensamento perturbador, substitua-o por um pensamento edificante. A visualização é **terapêutica**, 'sem compromisso de ordem religiosa', ou 'de qualquer outra natureza', tem por meta essencial ajudar o indivíduo a encontrar-se, a reprogramar a mente, a projetar-se no futuro e começar a vivê-lo, desde então".

Reprogramar a mente, mudando hábitos já estereotipados, que nos fazem mal é um trabalho que podemos iniciar na hora que quisermos. Somos seres em contínua evolução. Esta é a beleza da vida! No entanto, tomar decisões e mudar convicções, não acontece da noite para o dia. A mudança ocorrerá paulatinamente, assim como o desenvolvimento dos músculos em exercícios para tal fim. Eles não estufarão de repente, como os do marinheiro Popeye, nos desenhos, que, por muito tempo, povoaram a mente das crianças. Tudo acontece pouco a pouco. Mas uma verdade pode-se afirmar: se você mudar o foco de seus pensamentos, mudará sua realidade. A visão

---

50   FRANCO, Divaldo Pereira/Joanna de Ângelis. *Visualizações terapêuticas* (Vol. 1 e 2).

é uma "fotografia do futuro", mas para chegarmos lá é preciso focar no objetivo. Aquilo que você foca, a que dá atenção, se expande. Jesus disse que onde a pessoa depositar o que é mais importante para ela, ali estará o seu coração (mente). E, claro, onde estiver seu coração (mente) será a área que irá desenvolver: "Porque, onde estiver o vosso tesouro, ali também estará o vosso coração" (mente). [51] Disse-nos o filósofo Rohden: "É experiência minha de decênios que um pensamento ou desejo longamente alimentado no subconsciente e firmemente criado, acaba, cedo ou tarde, por se tornar realidade concreta, no plano objetivo".[52]

Atentemos que, quando insistimos na consecução de nossa criação mental, diz a neurociência que as células nervosas se unem para formar uma rede. É análoga, na sociedade do trabalho, a formação de sindicatos na defesa de seus membros. E o importante de tudo isso é que, para mudar, não importa a idade, pois as redes neurais continuam por toda vida, atendendo os nossos pensamentos. Quando o que é visualizado, é projetado com forte emoção, reforça quimicamente a fixação dos neurônios. Mas essa rede só se solidificará quando a ação ocorre seguidamente, ou seja, com persistência. As células nervosas desenvolvem uma conexão, cada vez mais forte, transformando-se em hábitos. Quanto mais acionamos essas redes neurais, mais elas se fixam, facilitando o mecanismo da aprendizagem. É óbvio que o contrário também ocorre. De alguma forma, a nossa mente, na atualidade, pode estar saturada de pensamentos deprimentes, de angústias, de desencantos e de muitas manifestações perturbadoras. Estes quadros mentais doentios e indesejáveis projetam-se, exteriorizando-se em nosso comportamento, causando-nos sofrimento. A decisão é sua, troque o foco dos pensamentos negativos e substitua-os, a partir de agora por outros positivos e dê uma virada na vida. Só depende de você!

---

51 Lucas, 12:34.
52 OSTRANDER, Sheila, OSTRANDER, Nancy. *Essência da visualização*.

Ao abordarmos a fixação dos pensamentos das redes neurais é, de fundamental importância o alerta de Suely Caldas Schubert: "Os pensamentos são produzidos pela nossa mente que pertence ao espírito, e não pelo cérebro que pertence ao corpo. Se fôssemos imaginar que os pensamentos se originassem do cérebro, haveríamos de pensar que, morrendo o cérebro, tudo terminaria, entretanto não é assim. Todo conhecimento, os pensamentos e a inteligência vêm da mente que pertence ao espírito, e que continuará sua trajetória evolutiva, levando este acervo que adquiriu através dos tempos". O cérebro é a sede física do pensamento dos espíritos, da mente propriamente dita. O cérebro oferece as condições para que ele atue no mundo físico. Então, se a mente pertence ao espírito, após a morte ele vai continuar a sua trajetória evolutiva. [53]

A propósito, num dos *e-mails* que recebemos, encontramos um texto que didatiza, com rara sutileza, o projeto de construção da vida, colocando-nos nas mãos a construção do destino, que é de inteira responsabilidade nossa, sem qualquer alternativa. Lucas, em seu Evangelho, procurou retratar esta responsabilidade, de forma alegórica, na famosa parábola dos talentos. Mas ninguém recebe, gratuitamente, de Deus os talentos que traz ao nascer. Eles foram construídos, ao longo das experiências pretéritas, de tal forma que cada um é autor da pintura de seu quadro na vida.

PINTE O QUADRO DE SUA VIDA
(mensagem de esperança)

Quando nascemos acreditamos que recebemos, de Deus, uma tela, um pincel e tinta.

Logo depois ouvimos um cochicho no ouvido: "Quando terminar este quadro estarei esperando você".

Sei que muitas pessoas devem voltar a Ele com a tela vazia.

---

53 Programa Transição, nº 89, exibido em 13 de junho de 2010, no www.youtub. com.br

Outras sem a tela, somente com a tinta.

Algumas outras somente com o pincel e outras, sem nada.

Por fim, aquelas que voltam com tudo, sem uso...

Desde o nascimento, temos o poder de traçar nosso destino, mas não o fazemos porque ainda somos 'crianças'.

Quando crescemos e já sabemos um pouco mais, ficamos em nossa zona de conforto assumindo o destino disponível nas prateleiras do mundo.

A maioria das pessoas acaba se achando infeliz pelo simples fato de viver uma vida que não gostaria de viver.

Se você já sabe aquilo que não quer da vida, então comece a pintar um quadro com aquilo que quer para a sua vida.

Crie nessa tela o emprego de seus sonhos, o amor de sua vida, as realizações que almeja.

Coloque toda sua alma neste trabalho interior e você viverá de acordo com sua pintura.

Só podemos ser do tamanho daquilo que conseguimos vislumbrar.

César Romão

5

SOMOS DO TAMANHO DE NOSSOS SONHOS

*Quando acrescentamos fé aos nossos sonhos, nós o alimentamos,
e eles se tornam realidade.*
Boberg, *O poder da fé*, lição 25

DISSEMOS, NA INTRODUÇÃO deste livro, que iríamos fazer uma *releitura* de alguns textos de nossos livros, pois, há tempo tencionávamos 'aprofundar' reflexões sobre a importância da *força do pensamento* – objeto central desta obra. Neste intuito, selecionamos algumas ideias comuns, esparsas em várias delas. Assim é que fomos buscar no livro *O poder da fé*, o texto "Nossos sonhos", [54] alguns trechos de reflexões registradas, que servirão de ancoragem para a ampliação da importância do pensamento na construção da vida.

"Sonhar é algo natural, fazendo parte de nossa própria natureza humana. Não nos referimos, aqui, aos sonhos durante os sonos, mas dos sonhos que ocorrem quando estamos acordados, de olhos abertos. São aqueles que dependem de nosso trabalho, da fé e da persistência para a transformação dos sonhos em realidade. Aqui

---

54 *O poder da fé*, de nossa autoria.

ele é empregado no sentido de desejo, de evolução pessoal, de aspiração, de desafio... Tudo que vemos no mundo, na realidade, é a *materialização* de nossos pensamentos, que partiram de "sonhos". Você mesmo, já criou muitos "sonhos", não é verdade? Alguns, pela força de sua persistência, transformaram-se em realidade. Outros, bem, outros, em razão de seus desejos não estarem fortemente alimentados pela fé, não deram certo".

"Se você tem 'um sonho', não deixe que ele morra, mesmo que os outros digam que 'não vai dar certo' ou, que, 'isto está muito além de suas possibilidades'. Você é o melhor arquiteto na realização de seus sonhos. Ninguém pode fazer isto por você. Se quiser atingir o objeto de seu sonho, ouça a voz da consciência, que é a Lei de Deus gravada na alma, ajudando-o naquilo que é o seu desejo. Portanto, não desanime! Vá em frente, não importa o que você foi, ou o que é agora, o que aconteceu no passado; coloque fé nos sonhos e a energia fluirá de sua Usina Interior, colocando em ação os seus potenciais". Paulo, em Carta aos Romanos (12:2), nesta ótica, incentiva: "Transformai-vos pela renovação da vossa mente". E Confúcio diz "que a maior glória não é ficar de pé, mas levantar-se cada vez que se cai".

Então, sonhar é preciso, pois o sonho representa a 'foto mental' que, se trabalhada com insistência, materializa-se no mundo objetivo. São eles os desejos gravados na mente, que podem se realizar, se arregaçarmos as mangas, num trabalho constante e persistente. É assim que, com capacidade de sonhar e de lutar, transformamos os desejos em realidade. Após a morte de Oscar Niemeyer, o grande artista da arquitetura, deparamo-nos com uma frase sua, que achamos genial, proferida tempos atrás em entrevista:[55] "A gente tem que sonhar, senão as coisas não acontecem". Veja que ele coloca como condição *sine qua non* o **sonho**, para que algo aconteça! Você

---

55 Revista *Caros Amigos*, conforme citado em "Teoría & debate: revista trimestral do Partido dos Trabalhadores", Volume 19, Edições 64-68, Partido dos Trabalhadores (Brazil) – 2005.

imaginou a força desta afirmação? Nada, mas nada mesmo, acontece na vida, sem antes ter passado pelos pensamentos.

Todos nós temos sonhos – ou já tivemos um dia, antes de consumidos pela rotina, sufocados pelo peso dos afazeres diários: ser bem-sucedido na profissão, encontrar um amor, ter filhos, ganhar dinheiro, viajar, conhecer lugares, ter casa própria, engajar-nos numa causa social ou ecológica, trabalhar pela comunidade, mudar o mundo, ter uma vida melhor, ser feliz... E o que aconteceu? Para muitos, os sonhos viraram pó. No entanto outros, mesmo diante dos mais difíceis obstáculos, com determinação e garra conseguiram concretizá-los. Muitos atribuem à sorte. Ora, todo mundo tem sorte (e azar) na vida. Mas isso não acontece por acaso. É uma mistura de matemática e psicologia – da sua atitude diante das coisas. Sim, você pode mudar a própria sorte. Comece agora. Presa na rotina, as pessoas, muitas vezes, negligenciam os sonhos e vão perdendo a capacidade de sonhar. Levam a vida sem direção, sobrecarregadas e insatisfeitas, criando fantasias de que um dia tudo mude "se ganharem na loteria", "se a esposa deixar", se o chefe der uma mãozinha... Outros, ainda, entregam nas "mãos" de Deus, dizendo: **"se Deus ajudar"** ... Ora, se você não buscar, nada vai acontecer! E, assim, continuam caminhando na base do "deixa a vida me levar" ...

Portanto, não se iluda, se você não 'focar' o pensamento nos seus desejos, colocando toda a vontade, com ações claras e bem direcionadas, tudo vai continuar exatamente do jeito que está. Investir em sonhos não é obra do acaso. Requer determinação, disciplina e muita força de vontade. É neste sentido, para nós, a célebre frase do Evangelho: "Ajuda-te que o céu te ajudará" ... É o princípio da *lei do trabalho*, e, por conseguinte, da *lei do progresso*. Porque o progresso é o produto do trabalho, desde que é este que põe em ação as forças da inteligência.[56] Isto quer dizer, de outra forma, que, à medida que nos esforçarmos, suarmos a camisa, esquentarmos a mente, na execução dos sonhos, o Universo estará sempre conspirando a nosso favor. Lembre-se de que nada cai de graça. "Maná caindo do céu" é lenda bíblica. Repense na recomendação de Lísias a André Luiz: "*Desejar, saber desejar* e *merecer*, ou, por outros termos, vontade ativa, trabalho persistente e merecimento justo".[57]

"É comum as pessoas, psicologicamente, manifestarem-se contra as "mudanças" por serem conservadoras, e para tal se expressam por intermédio de vários subterfúgios. Uns alegam que já estão "velhos e isso é para os mais novos", que "essas mudanças complicam demais", que "não têm mais cabeça para isso", e, assim por diante. É um processo complexo, visto que a estrutura mental formada mediante essas experiências se sedimenta de tal sorte que criamos o nosso próprio código de conduta. Esse código é construído, paulatinamente, pela influência de vários fatores: família, classes sociais, visão pessoal de mundo, pelos mecanismos de compensação que utilizamos, e, em especial, pelas religiões". [58] No entanto, à medida que superamos o entrave de certas leis que estão gravadas em nosso código de conduta, temos a possibilidade de projetar o que quisermos no futuro, inclusive um sonho. Não somos obrigados a aceitar tudo o que nos ensinaram no passado, como verdade absoluta. Podemos decidir o que queremos para nós.

Precisamos superar uma série de obstáculos para materialização de nossos sonhos. "Os mais comuns são: falta de tempo – recursos escassos – desestímulos e negativas da sociedade – cultura de exclusão – falta de hábitos para sonhar – confusão entre sonhar e delirar, o medo de errar – em time que está ganhando não se mexe – crença *do sempre foi assim*. De certa forma, todos os obstáculos são estímu-

---

56 KARDEC, Allan. *O Evangelho segundo o Espiritismo*, cap. 25, item 2.
57 XAVIER, Francisco Cândido/André Luiz. *Nosso Lar*, lição 7.
58 Ler nosso livro *Prontidão para mudança*.

los, porque a dificuldade impõe a criação de uma solução se você quer vencer e precisa vencer. Quem para de sonhar está morrendo... Diz-se que o maior pesadelo é perder a capacidade de sonhar, é não ter mais sonhos... Nesta ótica, entendemos o sentido das aposentadorias, tão ansiadas, mas que, às vezes, as pessoas não estão preparadas psicologicamente para o seu gozo. Sempre dizemos àqueles que se aposentam, que é preciso ocupar a mente, mesmo em outras coisas. Nunca deixá-las ociosas, pois, sem objetivos, o aposentado é candidato a doenças e à morte, mais rápidas.

Trazemos, agora, para reflexão, interessante "história de um sonho", que, pela persistência do personagem, tornou-se realidade:

Ele era um jovem que morava no Centro Oeste dos Estados Unidos. Por ser filho de um domador de cavalos, tinha uma vida quase nômade, mas desejava estudar. Perseguia o ideal da cultura. Dormia nas estrebarias, trabalhava os animais fogosos e, nos intervalos, à noite, ele procurava a escola para iluminar a sua inteligência.

Em uma dessas escolas, certa vez, o professor pediu à classe que cada aluno relatasse o seu sonho. O que desejariam para suas vidas.

O jovem, tomado de entusiasmo, escreveu sete páginas. Desejava, no futuro, possuir uma área de 80 hectares e morar numa enorme casa de 400 metros quadrados. Desejava ter uma família muita bem constituída. Tão entusiasmado estava, que não somente **descreveu**, mas **desenhou** como ele sonhava a casa, as cocheiras, os currais, o pomar. Tudo nos mínimos detalhes.

Quando entregou o seu trabalho, ficou esperando, ansioso, as palavras de elogio do seu mestre. Contudo, três dias depois, o trabalho lhe foi devolvido com uma nota sofrível.

Depois da aula, o professor o procurou e falou: o seu é um sonho absurdo. Imagine, você é filho de um domador de cavalos. Você será um simples domador de cavalos. Escreva uma outra realidade e eu lhe darei uma nota melhor.

O jovem foi para casa muito triste e contou ao pai o que havia acontecido. Depois de ouvi-lo, com calma, o pai lhe afirmou:

— O sonho é seu. Você faça o que quiser. Essa decisão é sua. Persistir neste sonho ou procurar outro.

O jovem meditou e, no dia seguinte, entregou a mesma página ao professor. Disse-lhe que ficaria com a nota ruim, mas não abandonaria o seu sonho.

Esta história foi contada pelo dono de um rancho de 80 hectares, próximo de um colégio famoso dos Estados Unidos. A área é emprestada para crianças pobres passarem os fins de semana.

Depois de terminar a história, o dono do rancho se apresentou como o jovem que teve a nota ruim, mas não desistiu do seu sonho. E o mais incrível é que aquele professor, trinta anos depois, tem visitado, com os seus alunos, aquela área especial.

Naturalmente ele identificou no proprietário o antigo aluno e confessou: – fico feliz que o seu sonho tenha escapado da minha inveja. Naquela época eu era um atormentado. Tinha inveja das pessoas sonhadoras. Destruí muitas vidas. Roubei o sonho de muitos jovens idealistas. Graças a Deus, não consegui destruir o seu sonho, que faz bem a tantas vidas.

Este é um fato real de um garoto que sonhou e lutou para a conquista de seus objetivos. Destacamos aqui, a forma como ele registrou o seu sonho: "Tão entusiasmado estava, que não somente **descreveu**, mas **desenhou**". Deste sonho, podemos relacionar alguns pontos comuns e universais no processo de concretização do pensamento:

1. Primeiro, é preciso desejar aquilo que cria. Quem deseja algo ardentemente, já está a caminho da realização. (*Nosso Lar*, lição 7).
2. O tempo é o senhor da razão. É preciso entender que as coisas não se realizam da noite para o dia.
3. Saber desejar – Persistência, denodo, paciência, luta na meta a ser atingida.
4. Pegue um papel e escreva tudo que você deseja, pormenorizadamente.
5. Se possível, desenhe, com minúcias, o seu sonho. Isto facilita a gravação nas redes neurais, que vão, gradativamente, se solidificando.

6. Elimine as memórias passadas não consistentes com aquilo que você deseja.
7. Analise as suas metas, diariamente, por alguns minutos, para energizá-las e atraí-las, visualizando a concretização, sentindo-se já na "posse", do idealizado.
8. Deixe esta anotação, em lugar visível, para que seja lembrada a todo o momento: no espelho, na mesa do escritório, no banheiro, etc.
9. Não duvidar, mesmo diante das adversidades. Estas fazem parte do jogo, pois, despertam-nos, fortalecendo o ânimo. Sem obstáculo não crescemos nunca!
10. O que você emitir ao Universo, ele responde, podendo ser: medos, queixas, temores, agradecimentos, enfim, tudo que em você foca a atenção. Para a lei da atração não importa o que você pensa. Ela sempre responde aos seus pensamentos.
11. Aceite o ensinamento: "Tudo é possível àquele que crê!" O plantio é livre, mas colheremos o que plantamos.

Sonhar é da natureza humana. Tudo que existe no mundo, um dia foi elaborado, pensado e meditado por alguém, antes de ser concretizado em cimento, mármore, madeira ou papel.

Martin Luther King Jr. teve um sonho de paz entre negros e brancos. Pelo seu sonho, deu a vida.

Mahatma Gandhi teve um sonho de não violência. Deu a vida por seu sonho.

Se você tem capacidade de sonhar o bem, persista na ideia e a concretize. Podem ser necessários anos para que se concretize um sonho, mas, o que são alguns anos, diante da eternidade que aguarda o espírito imortal? Então, escolha você mesmo o que você quer ser. E depois, acredite firme nisso...

6

AINDA SOBRE SONHOS

Deus quer, o homem sonha e a obra nasce.
Fernando Pessoa

TRAZEMOS MAIS ALGUNS sonhos relacionados pelo *Momento Espírita*, da Federação Espírita do Paraná, elaborados pela equipe encarregada do programa. Vale a pena refletir!

Nunca abandone os seus sonhos

As crianças têm sonhos. E não há limites para os seus sonhos.
Elas são princesas, super-heróis.
Sonham salvar o mundo de toda maldade. Acreditam-se com poderes infinitos.
Sonham em alcançar as nuvens, em fazer todo mundo feliz, em ter muito dinheiro para distribuir brinquedos para todas as crianças.
Sonham e sonham.
Mas todas as crianças crescem e se tornam adultas. E, quase sempre, esquecem-se dos seus sonhos.
Desencantam-se ao contato com a realidade. Ou talvez encontrem

muitos adultos desencantados que as façam acreditar que não podem perseguir os seus sonhos.

A pequena Jean, na terceira série, era um exemplo típico. Filha de um piloto sonhava voar.

Um dia, em uma redação, ela colocou todo seu coração e revelou seus sonhos: ser piloto de avião, ver as nuvens, saltar de paraquedas.

Era meado do século XX. A sua nota foi zero, porque, segundo sua professora, todas as profissões que ela listara não eram para mulheres.

Jean foi massacrada, no decorrer dos anos seguintes, pela negatividade de muitos adultos.

Garotas não podem ser pilotos de avião. Não são suficientemente inteligentes para isso.

E ela desistiu.

No último ano do ensino médio, a professora de inglês pediu que os alunos escrevessem sobre o que estariam fazendo dentro de 10 anos.

Jean descartou piloto, aeromoça, esposa. E escreveu: garçonete. Afinal, pensou, aquilo ela seria capaz de fazer.

Duas semanas depois, a professora colocou a folha com a resposta de cada um dos alunos, virada para baixo, na frente de cada um deles.

E agora pediu que escrevessem o que cada um deles faria se tivessem acesso às melhores escolas, a dinheiro ilimitado, a habilidades ilimitadas.

Quando terminaram, ela deu a grande lição: *Tenho um segredo para todos vocês.*

Vocês têm acesso a boas escolas. Vocês podem conseguir muito dinheiro, se desejarem algo com muito vigor.

Se não correrem para concretizar os seus sonhos, ninguém o fará por vocês.

Vocês têm muita potencialidade. Não deixem de utilizá-la.

Jean ficou animada e ao mesmo tempo amedrontada.

Depois da aula, foi falar com a professora e lhe segredou seu desejo de ser piloto.

Então, seja! – foi o que ouviu.

E Jean resolveu concretizar o seu sonho. Foram 10 anos de trabalho duro, encarando oposições, hostilidades, rejeição, humilhação.

Tornou-se piloto particular. Conseguiu graduação para transportar carga e pilotar aviões de passageiros.

Mas não recebia promoção porque era mulher. Não desistiu.

Foi em frente. Fez tudo o que a professora da terceira série disse que era um conto de fadas.

Ela pulverizou plantações, pulou de paraquedas centenas de vezes.

Em 1978, Jean Harper foi uma das três primeiras mulheres a serem aceitas como piloto pela United Airlines.

Por fim, tornou-se piloto de Boeing 737 na mesma empresa aérea.

Tudo, graças ao poder de uma palavra positiva bem colocada.

Pense nisso.

Se você abandonou os seus sonhos, é tempo de retomá-los.

Não diga que é tarde, que você está velho demais, que não consegue mais.

Decida-se e parta para a luta!

Estude, persevere, conquiste.

Utilize a força de sua fé. Acredite e invista no seu potencial.

Lembre-se: você pode ser o que quiser se desejar o bastante e não perder o foco do seu ideal.

Seja a sua meta tocar as estrelas. Vá em frente![59]

Nunca desista de seus sonhos

Marcelo era filho de uma família pobre. Precisava trabalhar para ajudar nas despesas da casa.

Marcelo foi vender picolés. Depois trabalhar em uma padaria. Ganhava dez reais por mês, que dava ao pai.

Saindo da padaria, ele ia pescar. Os peixinhos que pegasse eram sempre importantes. Em casa, se comia peixe com farinha.

Um dia, ele ouviu o anúncio de que ia se formar uma banda na cidade. Pensou que fosse uma banda dessas que tocam em bailes.

Queria ser baterista. Mas o responsável tocava uma flautinha.

---

59 Texto da Redação do *Momento Espírita* com base no capítulo O vento debaixo das minhas asas, de Carol Kline com Jean Harper, do livro *Histórias para aquecer o coração*, de Jack Canfield, Mark Victor Hansen, Heather McNamara, ed Sextante.

Marcelo se apaixonou pela flauta. E quis se inscrever. O pai disse não.

Marcelo descobriu então que o seu namoro com a flauta deveria ser às escondidas.

A inscrição acabava às cinco horas. Hora em que ele estava na padaria, trabalhando. Quando saiu, correu tanto que caiu da bicicleta.

Os peixes se espalharam e ele ficou todo ralado. Chegou com duas horas de atraso ao local da inscrição.

O homem teve compaixão, vendo-o todo machucado e com tanta vontade de tocar flauta e o inscreveu. O garoto tinha onze anos.

Só havia um problema: Marcelo não tinha flauta, que custava dez reais.

Seu salário. Salário do qual ele não podia dispor. Precisava juntar dinheiro. Durante um ano juntou moedas perdidas de um centavo. Vivia olhando para o chão.

Comprou uma flauta de plástico.

Mas não podia estudar em casa, por causa do pai. À noite, ia para o alto de um cajueiro e estudava. Lá também guardava a sua flauta.

Até que uma noite de chuva, resolveu levar a flauta para casa, com medo que a água a estragasse.

No dia seguinte, quando voltou da padaria, o pai o esperava. Queimou a flauta que encontrara e deu uma surra no garoto.

Desistiu da flauta? Não! Ficou mais um ano juntando centavos até comprar outra. Aí ele arranjou uma aluna. Dez reais por mês.

Outra aluna, mais dez reais. Logo, tinha nove alunas. Noventa reais.

O pai viu que a flauta dava dinheiro e deixou de perseguir o menino.

Um dia, Marcelo se propôs a ensinar flauta para crianças que não pudessem pagar.

Aos 18 anos, Marcelo já formou uma orquestra de flautas na cidade de Aquiraz, a uma hora de Fortaleza, no Ceará.

Seu sonho: formar outra orquestra de flautas, na cidade de Serpa. O problema? As crianças são muito pobres, não têm dinheiro para comprar flautas.

Entretanto, isso não o detém. Sabe que conseguirá.

Numa conversa entre amigos, Marcelo revelou outro sonho: ter uma flauta transversal. Mas ela custa muito caro. Quase dois mil reais.

Bom, esse sonho já foi realizado. Uma professora lhe deu de presente a flauta.

Ela possuía uma guardada em casa, numa caixa de veludo. Flauta que ninguém tocava.

Hoje, Marcelo já está tocando com a sua flauta tão sonhada...

Se tudo em volta se veste de escuridão e o dia claro já passou, substituído pela noite pavorosa do desalento, insiste um pouco mais.

Não desistas com facilidade. Permita-te uma nova tentativa. Tenta outra vez e espera a ajuda de Deus. Vencerás.[60]

Realizando sonhos...

São pessoas sem beleza exterior exuberante. Pessoas como a alagoana Rosa Célia Barbosa. Pequena, metro e meio de fortaleza moral e vontade de vencer.

Aos 7 anos, Rosa foi largada num orfanato, em Botafogo, no Rio de Janeiro. Chorou durante meses.

Toda mulher de saia que via, ela achava que era a sua mãe que a vinha buscar. Depois de um tempo, desistiu...

Rosa Célia fez vestibular de medicina quando morava, de favor, num quartinho e trabalhava para se manter.

Formou-se e decidiu se dedicar à cardiologia neonatal e infantil, quando estava no Hospital da Lagoa, no seu Estado de origem.

Sem saber inglês, meteu na cabeça que teria que estudar em Londres, com nada menos que a maior especialista no mundo, Jane Sommerville.

Estudou inglês e conseguiu uma bolsa. Em Londres, era motivo de gozação dos colegas ingleses por causa de seu inglês ruim.

Mas, quando acertou um diagnóstico difícil numa paciente escocesa, que examinou por oito horas seguidas, ela ganhou o respeito geral.

---

60 Equipe de Redação do *Momento Espírita*, com base no capítulo 5, parte 2, do livro *Um céu numa flor silvestre*, de Rubem Alves, ed. Verus e cap. 20 do livro *Momentos de coragem*, Espírito Joanna de Ângelis, psicografia de Divaldo Franco, ed. Leal.

Ao lembrar-se do fato, Célia, divertida, diz que o inglês da paciente era ainda pior do que o seu próprio.

De Londres, Rosa Célia foi direto para Houston, nos Estados Unidos, como escolhida e convidada.

Foi então que descobriu estar grávida. Pediu 24 horas para pensar e optou pelo filho, retornando para o Rio de Janeiro.

Todo ano viaja para estudar. Passa, no mínimo, um mês no Children´s Hospital, em Boston, Estados Unidos, trabalhando 12 horas por dia.

No Rio de Janeiro, abriu consultório, reassumiu seu lugar no Hospital da Lagoa e já mereceu destaque em reportagem que apontou os melhores médicos daquele Estado.

Chefia um sofisticado Centro Cardiológico, onde são tratados casos limite, histórias tristes.

Hospital privado, caríssimo. Mas ela achou um jeito de operar ali crianças sem posses.

Criou uma ONG, consegue dinheiro com amigos e empresários e já conseguiu que fossem atendidas 500 crianças. 120 foram operadas.

Rosa Célia não tem fotos na mídia, nem brilha nas passarelas da moda. Talvez nunca sua vida se torne um filme e diga ao mundo o que ela fez.

Mas ela sabe e tem certeza de que alcançou o seu sonho: *Sonhei a vida inteira*, diz ela. *E consegui. Não importou ser pobre, ser órfã, ser mulher, baixinha, alagoana. Eu consegui.*

Rosa Célia, um exemplo de quem perseguiu um sonho e o tornou uma feliz realidade.

Um exemplo para seguir, para insuflar coragem de lutar, para afirmar a muitos de nós que não devemos desistir dos nossos sonhos. Nunca.

Conquistas, sem amor, são efêmeras. Quando a criatura se reveste de amor, esparge, enquanto se felicita pelas metas alcançadas, júbilos e bênçãos ao seu redor.

Ama, pois, sonha e sê feliz, porque onde quer que esteja, a criatura humana é o grande investimento da Divindade.[61]

---

61 Redação do *Momento Espírita* com base em crônica de Arnaldo Jabor, intitulada Dra. Rosa Célia Barbosa x Galisteu. Em 17.07.2009.

7

COCRIADORES COM O UNIVERSO

> *Através do pensamento, o ser humano torna-se "cocriador do Universo em plano menor".*
> **André Luiz, *Evolução em dois mundos*, primeira parte I**

É COMUM DIZERMOS que estamos vivendo num mundo material, querendo expressar com isto, que, ao lado do mundo espiritual, tem-se o mundo material – este visível aos nossos olhos, embora possa se apresentar de forma invisível, sem deixar de ser matéria. A ciência moderna considera a *matéria* e a *energia* como as únicas realidades existentes. Com o avanço dos estudos, principalmente na área da física quântica, chegou-se à conclusão de que *matéria* e *energia* estão tão inter-relacionadas que representam, verdadeiramente, duas formas *diferentes* de exprimir uma única realidade, não sendo a matéria, nada mais nada menos, do que *energia condensada*, limitada em sua força e dinamismo próprios, encerrada em âmbitos restritos para formar as massas densas dos corpos materiais. No ato da desencarnação a matéria descondensa-se, voltando para a reciclagem na terra, libertando a energia. É este o sentido empregado por Lavoisier ao dizer que, na "Natureza nada se cria, nada se perde, tudo se transforma".

Kardec[62] antecipou a desagregação da matéria, pontificando que: "com a desagregação completa de todas as moléculas do corpo, reencontraremos o oxigênio, o hidrogênio, o azoto e o carbono; em outros termos, o corpo será volatilizado. Os elementos constituintes voltando ao seu estado primitivo..., dariam o fluido cósmico. Esse fluido (hoje, chamamos de energia), sendo o princípio de toda a matéria, é ele mesmo matéria, posto que num completo estado de eterização. A análise acima com a amplitude requerida, Kardec inseriu em *A Gênese* quando nos mostra: "Tendo por elemento primitivo o fluido cósmico etéreo, a matéria tangível há de ser possível, desagregando-se, voltar ao estado de eterização, do mesmo modo que o diamante, o mais duro dos corpos, pode volatilizar-se em gás impalpável". Na realidade, completa ele "a solidificação da matéria não é mais do que um estado transitório do fluido universal, que pode volver ao seu estado primitivo, quando deixam de existir as condições de coesão".[63]

Quando nos referimos à ressurreição do corpo, em nosso livro, *O Evangelho de Tomé – o elo perdido*, dissemos que: "O corpo é um conglomerado atômico, que foi formado com diversos elementos, tais como oxigênio (65%), carbono (18%), hidrogênio (10%), nitrogênio (3%), cálcio (2%), fósforo (1%), potássio (0,35%), enxofre (0,25%), sódio (0,15%), magnésio (0,05%) e ferro (0,004%). Há ainda outros elementos, que, apesar de importantes, aparecem em quantidades bastante reduzidas, o iodo, o flúor, o cobre, o alumínio, o níquel, o bromo, o zinco, o silício, etc.. Nesta linha, ensina Rohden que: "Nada existe no corpo que não exista na terra, nas águas e no ar. Quando o corpo se decompõe, volta à terra, de onde veio, e seus componentes vão servir na formação de outros corpos, vegetais, animais e humanos". E complementa dizendo: "No mundo atual, tem-se optado pela cremação, porém, nesta técnica, o corpo cremado volta ao ar rapidamente, sobrando apenas um punhado de cál-

---

62 KARDEC, Allan, *in Revista Espírita*, 1866, março, item VII.
63 Idem, ibidem, janeiro de 1868, cap. XIV, item 6.

cio". Por consequência, Kardec elucida: é possível que determinado indivíduo tenha, talvez, em seu corpo moléculas que pertenceram aos homens das idades primitivas; que essas mesmas substâncias orgânicas que absorveis em vosso alimento provenham, talvez do corpo de um indivíduo que conhecestes, e assim por diante. [64]

O Espírito, utilizando-se da matéria, cria, gradativamente, sua evolução, num trabalho pessoal e dinâmico, passando por várias experiências nos seres anteriores da criação. O princípio espiritual começa com a mônada divina, enfrentando os mais diversos obstáculos, crescendo infinitamente em busca da evolução, que é meta de todo ser. Nesta caminhada, diante das dificuldades enfrentadas, o espírito cria um ser externo para protegê-lo, cultuando uma 'suposta' divindade, que, Kardec dá o nome de lei da adoração. É nesta fase que surge a figura de Deus. "Ensinam os espíritos que a adoração faz parte da Lei natural. É por isso que encontramos a adoração entre todos os povos, embora de formas diferentes".[65] Este sentimento natural está impresso no espírito, não imposto pela educação, ou seja, pelas tradições nem pelos valores intelectuais, morais e religiosos. Essa noção faz parte do sentimento natural gravado no imo da Humanidade.

É nesta ótica, que Karen Armstrong também leciona: "Nossas mentes possuem uma predisposição natural para a transcendência, ou seja, temos ideias e experiências que estão além do alcance de nossa compreensão. Todos nós buscamos momentos de 'êxtase', nos quais 'ficamos de fora' do nosso eu. Se não encontrarmos isso na religião, vamos buscar tal sensação na arte, na música, na natureza, até no esporte. Nesses momentos, sentimos que habitamos nossa Humanidade de um jeito mais pleno. 'Deus' é um símbolo que, se usado de forma apropriada, traz essa experiência".[66]

---

64 Ler nosso livro *O Evangelho de Tomé – o elo perdido*, texto 9.
65 Questão 652, de *O Livro dos Espíritos*.
66 Extraído da entrevista de Karen Armstrong, *Folha de São Paulo* de 07.04.2013.

Nesta empreitada, por consequência, há milhares de anos, o Deus que imaginamos, está "lá fora", separado de nós, habitando em algum lugar do paraíso. Esta dicotomia Deus/Humanidade – que predomina na atualidade – abriu a porta para o predomínio do dualismo no Ocidente. Assim, a maior divisão entre as civilizações é fruto da crença sobre Deus. Nos pressupostos da crença adotada foram definidas culturas, e com isso, diferenciaram-se radicalmente. Pela física quântica vivemos num mundo de *energia*. Compete-nos analisar que vivemos num fluido cósmico (energia cósmica, na linguagem atual), razão pela qual afirmou Paulo, com toda a razão, que "em Deus nos movemos e existimos". (At. 17:28). Entendamos aqui Deus, como "inteligência suprema e causa primária de todas as coisas", como afirmaram os espíritos. Esta inteligência está presente em toda a natureza – mas não separada. Diz-se que "Deus é o nosso próprio ser – ou talvez, seja melhor dizer que nosso próprio ser é Deus". [67]

A confusão toda de separarmos Deus da criatura tem gerado muitos conflitos íntimos. Se a inteligência suprema, um Deus pessoa, do tipo judaico-cristão, está exclusivamente no "lado de fora", acreditamos que não podemos mudar nada, que só Ele pode mudar-nos; toda capacidade criativa, conquista de milenares experiências do livre-arbítrio, vai por água abaixo. Não somos detentores de nossa vontade. Só Ele – Deus pessoa – é o detentor da vontade. Temos que fazer a vontade d'Ele, e não a nossa, e o pior, seremos, segundo as tradições religiosas, 'castigados' pela desobediência. Entendemos que a expressão "Vontade de Deus", em linguagem atual, deve ser compreendida como as Leis do Universo – eternas e imutáveis –, de que somos portadores desde o início, em estado potencial. Na trajetória infinita rumo à perfeição, o princípio inteligente tem como parâmetro esta semente divina, nele presente.

É neste sentido que nos informou Jesus, segundo os Evangelhos

---

67   ARNTZ, William e outros. *Quem somos nós?*

de Lucas e Tomé, que "Deus está dentro de nós", isto quer dizer, o potencial da perfeição está presente em todos os seres, cabendo a cada um, mercê de seus esforços, plenificar (relativamente ao seu fragmento evolucional) o seu desenvolvimento. É óbvio que, com direito a 'erros e acertos', defrontando, em todos os momentos, com os princípios de causa e efeito, norteando a consciência, em sua trajetória. A Vida que existe em nós, é a mesma Vida imanente no Universo. O nosso pensar, hoje, exclui a ideia de uma 'vontade externa', de um Deus lá fora, mas a presença marcante das Leis Naturais, inscrustadas no próprio ser, em evolução. Atuamos, no cotidiano, dentro do grande oceano da Vida Cósmica, quer percebamos, quer *não*. O Universo responde de acordo com as vibrações mentais que emitimos. A sabedoria do Universo manifesta-se em tudo que existe, residindo, pois, em nosso corpo espiritual. Aliás, esta é a informação dos espíritos auxiliares de Kardec, "que as Leis Naturais estão gravadas na consciência". André Luiz, de forma didática, afirma que: "Nesse elemento primordial (Fluido Cósmico Universal, hoje dizemos Energia Cósmica do Universo), vibram e vivem constelações e sóis, mundo e seres, como **peixes no oceano**".[68]

Dessa forma, *é preciso* 'repensar' a interpretação que se faz sobre a expressão *fazer* a *vontade de Deus*. Não existe uma oposição entre a *vontade humana* e a *vontade de Deus*. O Espírito do Universo – como um oceano no qual respiramos – está sempre 'disponível' para concretizar-nos os desejos, pouco importando qual é o conteúdo idealizado. Esta perfeição é a Mente do Universo que não nos 'proíbe' nada. Entendendo assim, Paulo, afirmou que "Tudo me é lícito, mas nem tudo me convém" (I Cor. 6:12). Mas, quem vai decidir se convém ou não, é o próprio ser, por vontade própria. O que desejamos será protocolado no "cartório" do Universo (nosso oceano mental) e, assim o será, sem oposição alguma.

---

68 XAVIER, Francisco Cândido/ André Luiz. *Evolução em dois mundos*, cap. I

Então, podemos raciocinar assim: A *vontade divina* atua através de leis universais, que é a perfeição absoluta. A vontade humana emite ondas mentais neste imenso cosmo de energia, e este atende o que foi colocado em movimento. Pelos princípios da lei de ação e reação, estaremos balizando nosso proceder, num *continuum* infinito, pois a evolução será sempre relativa à maturidade de cada um. "**Gravitar** para a unidade divina, eis o fim da Humanidade", diz Paulo.[69] Quanto mais vibrarmos em sintonia com as Leis do Universo (que as religiões chamam de *vontade divina*), mais felicidade alcançaremos. É assim que a evolução se processa, tendo por julgamento não um Deus externo, mas a *consciência*, que é a expressão das Leis Naturais (vontade divina).

Então, para efeitos didáticos, resumimos:

1. Somos "criadores" com o Universo, faculdade que está ínsita em todos os seres na trajetória evolutiva.
2. Temos a liberdade de pensar e criar o que quisermos, livremente. O livre-arbítrio é uma espécie de 'jurisdição divina', conquistada, ao longo dos milênios.
3. Com ele (o livre-arbítrio), o espírito é dono de seu destino, podendo usar e abusar das escolhas, sem que haja qualquer interferência externa de uma divindade.
4. Nesta caminhada, o homem é o seu próprio deus, respondendo perante as leis da mente (Universo). Afinal, "vós sois deuses", afirmou Jesus, citando o Salmo, 82:6.
5. Voltamos a insistir, ancorando-nos no pensamento do filósofo ROHDEN, que "a concepção dualista de que Deus seja alguma entidade justaposta ao Universo, algo fora do cosmos, algum indivíduo, alguma pessoa, é certamente a mais primitiva e infantil de todas as ideologias da Humanidade". [70]

---

69 Questão 1009, de *O Livro dos Espíritos*.
70 ROHDEN, Huberto. *Cosmoterapia*.

6. Só adquirimos a liberdade, quando nos conscientizarmos de que somos cocriadores do Universo e seus herdeiros. Nada existe nem pode existir realmente, como ser separado do Universo.
7. Assim, todas as coisas concretas existentes são frutos da mente, que tem o poder de criar.
8. O ser humano é o Universo em miniatura. É nesta linha de pensamento que André Luiz afirma: "através do pensamento, o ser humano torna-se cocriador do Universo em plano menor". [71]
9. Fazemos parte do Universo. Compreender a dinâmica do Cosmo pode nos ajudar a "compreender" mais o elo da vida.
10. Macrocosmo é o "Grande Universo" (macro, em grego significa grande) e Microcosmo é o "Pequeno Universo" (micro significa pequeno).
11. O Macrocosmo é o Universo, incluindo todas as coisas visíveis e invisíveis. O Microcosmo é o homem, que foi criado à imagem do Grande Universo. Na linguagem de Rohden, "somos o verso do Uno", tal como a cara e a coroa de uma moeda.
12. A matéria-prima para a criação de todas as coisas são os nossos pensamentos (ideias). O ser humano consegue ser livre quando compreende e aplica as leis da mente, sintonizando vibracionalmente com as Leis do Universo. Neste raciocínio, deixa de ser 'joguete' de um Deus-pessoal externo, imaginado pelas teologias.
13. A mente humana e a Mente Universal não são separadas, mas interligadas na essência. Os espíritos colaboradores de Kardec afirmaram que "as Leis de Deus (Leis do Universo) estão gravadas na consciência"[72]
14. Por isso, pelo uso eficiente da mente, em harmonia com a Mente Universal, "materializamos" o que desejamos. É neste sentido que, para efeitos didáticos, dizemos que o homem é um canal para o escoamento do fluxo da Fonte. Quando expurgamos pen-

---

71 XAVIER, Francisco Cândido./André Luiz. *Evolução em dois mundos*.
72 Questão, 621, de *O Livro dos Espíritos*.

samentos negativos, ideias malsãs, entulhos emocionais dese-
quilibrados, abrimos "espaço" para a presença da Fonte.

15. Quando imaginamos e trabalhamos para a construção de nossos
objetivos, perseverantemente, sem dúvidas, a Mente do Universo conspira a nosso favor, para que tudo seja concretizado, tal
qual o molde idealizado.

16. Por isto, o Jesus humano – da mesma constituição e natureza
nossa – para atingir a perfeição relativa da época em que transi-
tou por aqui, aplicou também as leis da mente, igualzinho a nós.

17. Não fez milagre algum, como sugerem os criadores do 'Cristo
da fé'. Milagre é derrogação da Lei da Natureza, conforme afirmou Kardec. Ele usou das leis da mente, colocando-as em sintonia com as Leis do Universo, dizendo: "Eu e o Pai somos um".
Quer dizer, no sentido quântico: "Eu e o Universo somos um",
ou, "Eu e Fonte somos um: A Fonte está em mim, e eu estou na
Fonte".

18. Muitos espíritos que passaram pela Terra também ratificaram
essa afirmativa atribuída a Jesus. Ele jamais arrogou a si a condição de 'único' (Ninguém chega ao Pai, senão através de mim!),
mas conclamou seus seguidores a colocar em ação seus potenciais, dizendo: "Tudo que eu faço, vós também podeis fazer e
muito mais" (Jo. 14:12).

19. Nesta ótica, deixe de se julgar incapaz de conseguir seus desejos. Você pode sim, conseguir mudar sua vida radicalmente,
praticando mentalizações positivas. Eu próprio consegui retirar
de mim, muitas ideias sombrias que me martirizavam, mudando o foco do pensamento. É preciso, no entanto, perseverar até
a conquista.

20. Pela ação do pensamento, secundado pela vontade – "gerência esclarecida e vigilante, governando todos os setores da ação

mental",[73] – podemos criar, fluidicamente, imagens que, no devido tempo, poderão ser materializadas no plano físico.

21. Assim, na condição de "cocriadores" com o Universo, transmitimos nossos pensamentos a qualquer direção. Todos nós somos espíritos em evolução, e renascemos na Terra, com o objetivo de desenvolver o potencial interior, pois, o princípio espiritual, desde o começo da criação, caminha 'sem detença para frente'.

22. Cada espírito evolui através do esforço, com o trabalho dele mesmo. Afinal, somos cocriadores em plano menor. Na encarnação, o espírito participa da obra da criação. Aliás, Deus tem no homem sua longa manus, (longa mão) como canais para que as coisas se materializem.

---

73 XAVIER, Francisco Cândido/Emmanuel, *Pensamento e vida*, texto 2.

8

CONCRETIZANDO DESEJOS

TUDO quanto em oração pedirdes, crede que recebereis.
Jesus – (Mc. 11:24)

PARA ENTENDERMOS ESTA mecânica da interação do espírito, com as Leis Naturais (também chamadas de Divinas), ratificamos os conceitos, já analisados, de que temos o ego e o EU. O EU está dentro do ego (eu), da mesma forma, que a planta está dentro da semente. "Sendo, porém, que no homem-ego dormita o homem-EU – assim como a planta dorme na semente – é possível evocar de dentro do ego, o EU; é possível despertar para a vigília o homem dormente".[74] Apesar de receber influências externas de vários fatores (culturais, ecológicos, educacionais, comunitários, espirituais), para agir, desta ou daquela maneira, a decisão, em última análise, é sua! Não existe nenhum poder mágico, nenhum sentido místico, que possa fazer a transformação do homem, senão colocando em ação a vontade, pois "nela dispomos do botão poderoso que decide o movimento ou a inércia da máquina".[75] O ego, no seu processo evolutivo, invoca, de

---

74 ROHDEN, Huberto. *Cosmoterapia.*
75 XAVIER, Francisco Cândido/Emmanuel. *Pensamento e vida*, lição 2.

início, um Deus transcendente (fora dele); posteriormente, à medida que avança em maturidade espiritual, evoca o Deus imanente em si, que é o seu verdadeiro EU central, que, figurativamente, Jesus chamou de "Pai".

É este o sentido – nem sempre compreendido pelas religiões – de que "o reino de Deus está dentro nós" e, por consequência, "Vós sois deuses". Concordamos com Rohden, quando assinala que o grande "erro das teologias dualistas, é a separação do UNO e do Verso", ou seja, o EU do ego (eu). Ratificamos o sentido de que o EU está imanente em todos os egos, em estado potencial e implícito, dependendo tão somente do ego, para que a Fonte flua através dos canais íntimos. Tal eclosão só ocorrerá no tempo próprio de cada um, quando, então, esta Força Infinita, que é o seu EU, flui. É nesta ótica que, na pedagogia de Jesus, o reino de Deus era comparado, através de parábola, a um grão de mostarda, a um tesouro oculto, ao fermento, entre outras analogias. Queria ele ensinar, com estas parábolas, que o ego tem dentro de si o EU, encontrando-se, no entanto, em estado oculto, em potência.[76]

Enquanto detentor de maturidade espiritual incipiente, o ego (existência) age separado do EU (cosmoessência, ou Deus, se quisermos), por conta e risco, obstruindo os canais de comunicação para que o fluxo das **Águas Vivas** da Fonte Infinita (EU) não possa escoar, plenamente, trazendo vida, saúde e felicidade. O nazareno também usou dessa alegoria, para demonstrar à samaritana, no Poço de Jacó, o sentido do escoar da "Água Viva", a única capaz de dessedentar o ego, dizendo: "aquele que beber da água que eu lhe der nunca terá sede" (Jo, 4:14). Esta "Água da Vida", referida, metaforicamente, por Jesus, representa o fluir, por energia vibracional, da Pureza da Fonte (EU) pelo canal ao ego. Veja aí, a força do pensamento, como gênese de tudo que ocorre no mundo material,

---

76 Ver nosso livro *Nascer de novo para ser feliz*.

criando condições propícias no contato do ego e o seu EU (Deus) dentro de si.

Nada de conquista gratuita, porquanto todo processo evolutivo vem-nos do esforço individual. "Receber maná dos céus" é pura lenda dos escritores da Bíblia. Tudo o que se consegue em matéria de aprendizagem e evolução é fruto do enfrentamento dos obstáculos que a vida nos oferece. Concordamos, por isso, com o sentido evolucional de todos os seres, num processo pessoal, com Marcelo da Luz (ex. padre), quando afirma que: "Organismos complexos são o resultado de lenta e prolongada evolução a partir de formas de vida muito elementares. As evidências disso podem ser colhidas abundantemente na natureza pelos biólogos, geólogos, físicos e outros cientistas. A seleção natural parece muito mais provável do que a intervenção de um ser 'supostamente' divino e exterior ao Cosmo".[77]

Seguindo esta mesma linha de raciocínio, Calderaro, instrutor de André Luiz, na Colônia Nosso Lar, expõe: "Somos filhos de Deus e herdeiros dos séculos, conquistando valores, de experiência em experiência, de milênio a milênio. Não há favoritismo no Templo Universal do Eterno, e todas as forças da Criação aperfeiçoam-se no infinito. A crisálida de consciência, que reside no cristal a rolar na corrente do rio, aí se acha em processo liberatório. As árvores que por vezes se aprumam centenas de anos, a suportar os golpes do inverno e acalentadas pelas carícias da primavera, estão conquistando a memória. A fêmea do tigre, lambendo os filhinhos recém-natos, aprende rudimentos do amor; o símio, guinchando, organiza a faculdade da palavra". "[...] o princípio espiritual, desde o obscuro momento da criação, caminha sem detença para frente".[78]

Atente, então, que o avanço, 'sem detença' – para frente – é ação personalíssima do próprio espírito em evolução, por meio dos me-

---

77 LUZ, Marcelo da. *Onde a religião termina?*
78 XAVIER, Francisco Cândido/André Luiz. *No mundo maior*, cap. 3.

canismos da mente, que se manifestam através da fé e da vontade. Terceirizar os seus objetivos (a Deus-pessoal, a espíritos, a pastores, a padres, a um guru, entre outros) em matéria de evolução, pode até ajudar, como efeito de 'sugestão' e autoajuda, mas o crescimento espiritual é pessoal, porque, na realidade, você é o criador de seu destino. Aprender é fruto de experiência pessoal. Estes terceirizados são coadjutores, ajudam-nos em momentos difíceis, pelos quais passamos, mas a parte que nos cabe na educação da alma, é intransferível. Ajuda-te (trabalhe, busque) que o céu (Universo) te ajudará (responderá aos seus desejos).

Três são os passos para criarmos, o que desejamos:

1. **Pedir** – "Pedi, e dar-se-vos-á; buscai, e encontrareis; batei, e abrir-se-vos-á". (Mt, 7:7) [79]

A sugestão dada no texto de Mateus para *orar, pedir, buscar, bater*, nada tem que ver com Deus pessoal, ou da intervenção de um "ser supostamente divino e exterior ao Cosmo", mas unicamente com o próprio homem, pois, na realidade, o que se está propondo é a técnica do uso correto das leis da mente. Este convite tem sido recebido com equívoco por parte da criatura; frequentemente é visto como a 'lâmpada de Aladim' de cada desejo humano, a garantia de que se orarmos por ele, Deus concederá. São 'ditos breves' com rápidas gradações que nos ensinam como devemos proceder quando desejamos alguma coisa.

Este é um trabalho de *mentalização*, fruto de exercício desde que a criatura se disponha a perseverar na busca de seus objetivos, utilizando-se da força do pensamento; este, quando colocado em ação, constrói o próprio destino. Já encontramos no Velho Testamento, no Livro de Provérbios, 23:7: "Porque como o homem imagina em sua

---

79 Ver nosso livro *O segredo das bem-aventuranças*.

alma, assim é". Quando efetivamente almejamos a realização de um desejo, não adianta tão só pedir mentalmente; é preciso trabalhar para a conquista almejada. Não se trata, portanto, de um trabalho mental mecânico, em que repetimos inúmeras vezes, sem qualquer força emocional. É o alerta de Jesus: "Não useis de vãs repetições".[80]

É algo que deve permanecer vivo, em constante efervescência na mente, sempre visualizando o que se deseja, até a concretização dos objetivos. Revela-se aqui, a chamada técnica da lei de causa e efeito, que tem como pano de fundo a 'mentalização'. É por aquilo que pensamos – errado ou certo – que esta lei é acionada, provocando 'consequências'. O bem gera o bem e o mal gera o mal. Ela não é resultado de atos, palavras de terceiros, pois a causa está na fonte geradora da Lei, que é o pensamento do próprio emissor. O carma – lei de causa e efeito – tem como fonte geradora o pensamento da criatura. Tudo o que praticamos traz consequências boas ou más, que estão na dependência da força do pensamento na ocasião, do desejo ardente, no trabalho para sua execução e persistência. "Portanto, aí se encontra a essência última da lei de causa e efeito: o efeito corresponderá à causa que tivermos colocado livremente; mas o efeito não poderá ser modificado por nenhuma ação ou situação externa: colocada a causa, com livre-arbítrio, virá o efeito inevitável e exatamente correspondente".[81]

2. **Acreditar** – "Credes vós que eu possa fazer isto? Disseram-lhe eles: Sim, senhor. Tocou, então, os olhos deles, dizendo: Seja-vos feito segundo a vossa fé". (Mt. 9:28-29)

Só esperança não basta, é preciso fé, respeito e honestidade. E mais ainda: visualizar o que queremos transformar em realidades objetivas. Jesus incentivava seus discípulos a colocar em ação essa

---

80 Ver nosso livro *A oração pode mudar sua vida*, lição 16.
81 PASTORINO, Carlos Juliano Torres. *Sabedoria do Evangelho*, vol. II.

força interior, dizendo, entre outras frases sugestivas, que: "Se tivessem fé do tamanho de um grão de mostarda seriam capazes de remover montanhas". Não se trata de crença ou de fé religiosa, mas de fé no potencial de que cada um é portador. Mesmo que o cidadão não seja vinculado a qualquer sistema de crença, pode realizar coisas extraordinárias, pois tudo acontecerá conforme os desejos visualizados e desenhados na mente. Sempre se pensa que para que a coisa aconteça, é preciso ter fé em Deus, no entanto, no fundo, se trata de fé em si mesmo. Atente-se a que todos estamos em processo de evolução e cada um é responsável pelo desenvolvimento de seu patrimônio espiritual, confiando em si mesmo, pois, em última análise, é confiança em nossa Força Interior, no motor de nossa existência, seja lá o entendimento que tenhamos de Deus: Fonte Divina, Inconsciente, EU Superior, Eterna Sabedoria, Universo, Inteligência Suprema, etc. Ele está sempre em nós e n'Ele nos *movemos* e *existimos*.

3. Receber – sentir-se feliz com o que você já visualizou, como seu.

Com base no "desenho" delineado por você, o Espírito do Universo inicia o trabalho de criação. É nesta ótica que ensinou Jesus "Tudo quanto em oração pedirdes, crede que recebereis" (Mt. 21:22). O Universo é um espelho, e a lei da atração está refletindo de volta para você seus pensamentos dominantes. Após visualizar e formar 'quadros mentais', **acredite** que você já está de posse, e já recebeu o que mentalizou. Não faz sentido que você visualize sem se ver recebendo o pedido. Não pairar dúvida: se nos seus pensamentos existe informação de que você ainda não a tem, a mente continuará a responder que você não tem.

Assim, você tem de emitir a frequência da sensação de tê-la recebido, a fim de introduzir essas imagens de volta a sua vida. Quando fizer isso, a lei da atração moverá poderosamente todas as circunstâncias, pessoas e acontecimentos para você receber. Você **não** precisa saber como é que isso vai ocorrer. Você **não** precisa saber como o Universo vai se arranjar. Portanto, crie, continue trabalhando que, no devido tempo, as coisas acontecerão.

9

DE ACORDO COM A CAPACIDADE

Segundo o axioma filosófico, "o recebido está no recipiente, segundo a capacidade do recipiente".

QUANDO SE PROTOCOLA um requerimento, num órgão público, tem-se por objetivo que o pedido seja deferido pelo titular da repartição, de acordo com o que se peticionou. Na esfera judicial, por exemplo, o pedido, após seguir os trâmites legais, recebe, no final, uma sentença.[82] O juiz terá que ficar adstrito àquilo que foi pedido, não só em relação ao autor, mas também ao réu, como, por exemplo, quando alega nulidade da citação, prescrição, o que terá que ser decidido na sentença. Não fazê-lo caracterizará omissão. No entanto, tratando-se de decisão humana, por fatores diversos, podem ocorrer falhas na sentença. O Código Civil cita três situações em que isto possa acontecer: *citra petita* – o juiz *deixa de apreciar* algo, algum ponto do pedido; *ultra petita* – concede *além* do que foi solicitado, mas em casos da mesma natureza; e *extra petita* – quando concede

---

82   Art. 460 do CPC: *"É defeso ao juiz proferir sentença, a favor do autor, de natureza diversa da pedida, bem como condenar o réu em quantidade superior ou em objeto diverso do que lhe foi demandado".*

quantidade maior ou menor, mas a 'natureza da coisa' é diversa da pedida. Isto acarreta, em grau de recurso, nulidade da sentença na parte que é alheia ao pedido.

Cremos que podemos, *mutatis mutanti*,[83] a título de analogia, comparar o pedido feito pela criatura ao Universo, com aquele feito na esfera judicial. Se no campo do Judiciário podem ocorrer esses vícios, em se referindo à Lei Natural (também, chamada de Divina), **não**. Sendo a Lei do Universo perfeita, eterna e imutável, não se concede nem mais, nem menos, nem resposta diferente do pedido protocolado. A resposta do Universo é na mesma proporção daquilo que foi pedido. Não haverá, portanto, *citra petita*, *ultra petita*, nem *extrapetita*, como pode ocorrer na justiça humana, pois as respostas são diretamente porporcionais à *recipiência* mental. Em linguagem bíblica, diz-se que "Deus não faz distinção de pessoas". O que pode, em linguagem quântica, ser interpretado no sentido de que a Lei não *discrimina* ninguém, pois o que vale é o mérito pessoal. Todo pedido, independentemente de quem o fez, será atendido, no tempo de cada um e de acordo com o "molde" criado pelo pensamento. Repetindo: a Lei não concede nem mais, nem menos do que foi "protocolado".

Assim, cada criatura só receberá do Universo o que foi protocolado, recebendo, de acordo com a sua "capacidade", aqui entendido, no sentido de 'espaço', de 'vacuidade'. É o que ensina Jesus, sentenciando: "a cada um segundo as suas obras". Isto quer dizer que só se recebe de acordo com o que se planta. Quando oramos o Pai Nosso, dizemos: "perdoa as nossas dívidas, assim como perdoamos os nossos devedores". Atente-se que, para que ocorra o perdão, há uma *condição*, que é **'desobstrução' do canal mental de suas impurezas**, para que a Fonte Universal flua, na mesma proporção do espaço criado. "Se não o perdoardes, vosso Pai (Lei) que está nos

---

83 *O mutatis mutandis* é uma expressão latina que significa "mudando o que tem de ser mudado".

Céus (Universo), também **não perdoará as vossas ofensas**". Vale repetir que, o perdão, neste caso, deve ser entendido como a *paz de consciência*, obtida por nós mesmos, ao perdoarmos, na mesma proporção, os nossos devedores. Tanto é verdade que "quem não perdoa adoece". Ao perdoar, voltamos à paz interior, criando condições para sermos atendidos. O Deus-pessoal externo não vai perdoar. Na realidade, é você mesmo que se 'equilibra' com a Lei do Universo, harmonizando-se intimamente.

Há um axioma filosófico que diz que, *o recebido está no recipiente segundo a capacidade do recipiente*; esta máxima ilustra bem o sentido de *receber*, segundo a capacidade de cada um. Você não pode colocar 2 litros de líquido numa vasilha cuja capacidade (volume) é de apenas 1 litro. Nas palavras de Rohden, "Todo finito recebe do Infinito aquilo que corresponde à medida maior ou menor de sua finitude. Se a capacidade do finito for igual a 10, o recipiente receberá 10; se for igual a 50, receberá 50; se for igual a 100, receberá 100. Quando se vai a um oceano com uma xícara, colhe-se uma xícara de água salgada; quem for com um litro, receberá um litro; quem vai com um barril, colherá um barril. Esta colheita não se prende ao volume do oceano, mas à **capacidade** de cada um dos recipientes. De acordo com a própria capacidade, em razão do nível evolutivo, *é o que cada um recebe*". A Natureza é sempre abundante em doação, mas cada um só recebe de acordo com o seu "vasilhame" mental. Nem mais, nem menos. A expressão "Vós sereis julgados por vossas obras", equivale dizer que receberemos de acordo com o volume de nosso recipiente. [84]

A Lei Universal é igual para todos e o *quantum* que se recebe está matematicamente adstrito ao tamanho do recipiente. A ideia de espaço mental para recebermos da Fonte da "Água da Vida" pode ser bem assimilada nesta história:

---

84 Ver nosso livro *A oração pode mudar sua vida*.

Um professor universitário visitou Nan-in, o mestre zen, para perguntar sobre o zen. Contudo, em vez, de ouvir o mestre, o professor se limitou a falar sobre as próprias ideias.

Depois de ouvir por um tempo, Nan-in serviu chá.

Encheu a xícara do visitante e continuou a servir chá. O líquido transbordou, encheu o pires, caiu nas calças do homem e no chão.

– Não está vendo que a xícara encheu? – explode o professor. – Não cabe mais nada!

– Isso mesmo – responde calmamente Nan-in.

– Tal como essa xícara, você está cheio de suas próprias ideias e opiniões. Como poderei mostrar-lhe o zen se você não esvaziar sua xícara, primeiro?

"Esvaziar" a xícara significa que, quando o homem abre *espaço* pela eliminação de suas imperfeições, acontece a grande invasão do Fluxo Divino, ou, na simbologia da Água Viva, em que todos temos uma Fonte perfeita em nossa intimidade e, ao ser desobstruído o canal interno, ela flui na proporção do espaço mental (da xícara, no caso do chá).

Dessa forma, quando um doente consegue ligar a sua consciência individual à Consciência Universal, recebe saúde, felicidade. A Lei não faz distinção se o peticionário é judeu, cristão, muçulmano ou ateu, pois atua universalmente, e o atendimento às suas necessidades é fruto do esforço de cada um. Explicação bem simples para sua reflexão: quando você vai receber visitas, o *quantum* de hóspedes está diretamente ligado ao tamanho de sua casa. [85]

Podemos comparar, ainda, a Lei com a corrente elétrica, que age sempre segundo o mesmo princípio, mas os seus efeitos, dependendo de sua utilização, podem fornecer-nos luz, calor, frio, força, etc. Da mesma forma, de conformidade com nossos pensamentos, a Lei responde exatamente, como pensamos; não nos concede, nem mais, nem menos. A título de exemplo, façamos uma comparação

---

85   Ver nosso livro: *O Evangelho de Tomé – o elo perdido*.

do Sol e Deus. O astro rei é comumente utilizado para simbolizar Deus, em nossas vidas. Deus, assim como o Sol, beneficia todos os seres, sem qualquer discriminação. Nas anotações de Mateus (5:45), Jesus ensina que Deus (através da Lei) beneficia a todos, sem qualquer exigência, usando de simbologia: "Porque faz que o Seu sol se levante sobre maus e bons, e a chuva desça sobre justos e injustos".

Outro exemplo elucida ainda o sentido da *recipiência* (capacidade). Um homem está numa sala hermeticamente fechada, sem qualquer luminosidade. Para que a luz chegue a ele, não haverá necessidade de pedir que o Sol emita os seus raios; basta que se abra a janela na direção do sol, e, conforme a dimensão da abertura da janela, esta será a quantidade de energia solar que receberá. Da mesma forma, a Lei Natural (que chamamos de expressão de Deus), onisciente, está sempre disponível a todos os seres. Quando oramos, de acordo com a maior ou menor intensidade vibracional – em consonância com o livre-arbítrio – receberemos, na mesma proporção o fluxo de Energia preenchendo-nos. [86]

Você poderá ter o que quiser se souber criar o 'molde' em seus próprios pensamentos. Não há sonho que não possa tornar-se real, se você simplesmente aprender a usar a Força Criativa que flui através de você. Os métodos que dão certo para um, darão certos para todos. A chave do poder está em usar o que você possui livremente, plenamente... e, assim, abrir bem os seus canais para que mais Força Criativa flua através de você. (Robert Coller). A Fonte está em mim, mas está também em você. É preciso, no entanto, que Ela se manifeste, que o ego se conscientize de sua presença e a faça fluir. É como se fosse "uma luz debaixo do alqueire" expressão usada na época de Jesus, e, também, por ele usada. Trazer à tona, fazer resplandecer a luz presente em todos. Vós sois luzes. Assim, para que tenhamos saúde e felicidade, precisamos desobstruir a Fonte,

---

86 Idem, *A oração pode mudar sua vida.*

pelas nossas ações no bem, para que ela possa fluir, preenchendo os canais mentais. É preciso, pois, expulsar o ego para que o espaço dentro de você seja preenchido por Deus.

Neste sentido, podemos afirmar que as Leis do Universo funcionam com infalível precisão, com uma matemática absoluta, sem nunca deixar de funcionar. Mas elas só funcionam quando se cria ambiente propício para sua manifestação. Na natureza extra--hominal, essas leis funcionam automaticamente, porque o ambiente propício sempre existe, graças à mecanicidade das leis da natureza. O Sol sempre nascerá no oriente e se porá no ocidente, sem adiantar ou atrasar um único segundo. A planta sempre florescerá e frutificará, segundo leis intrínsecas e infalíveis. No mundo hominal, porém, podem existir ou não existir as circunstâncias para o funcionamento das leis cósmicas. O homem possibilita ou impossibilita, em sua pessoa, o funcionamento dessas leis. Onde impera o livre-arbítrio, nada é previsível. O Universo disponibiliza ao homem os bens que nele estão, mas ele pode obstruir o seu recipiente humano, e não receber o dom do Doador Divino, e pode também abrir e alargar seu recipiente a ponto de receber em maior medida a dádiva divina. O recipiente humano, como se vê, é muito elástico, estreitável e alargável. [87]

Também o instrutor Lísias, em diálogo com André Luiz, em *Nosso Lar*, orienta sobre a mecânica de comunicação com as Leis do Universo, afirmando: "É lógico que o Senhor não espera por nossas rogativas para nos amar; no entanto, é indispensável nos colocarmos em determinada **posição receptiva**, a fim de compreender-Lhe a infinita bondade".[88] O Senhor, neste contexto, deve ser entendido como o Universo. O "amor de Deus" refere-se à disponibilidade absoluta do Universo, indistintamente, (Porque o Universo faz que o seu sol se levante sobre maus e bons, e a chuva desça sobre justos

---

87 ROHDEN, Huberto. *Sabedoria das parábolas.*
88 XAVIER, Francisco Cândido/André Luiz, *Nosso Lar.*

e injustos). Deste modo, o conceito expendido pelo instrutor Lísias expressou, como verdadeiro divisor de águas, de forma lúcida e lógica, sobre o ato de ligação com o Universo.

Muitos, inconscientemente, se prendem às exterioridades praticadas pelas religiões e, com isso, julgam que, pelo simples exercício automático dos rituais, garantem o atendimento aos seus rogos. Creem cegamente, porque lhes ensinaram que basta suplicar a Deus e aguardar, que a solução virá 'milagrosamente' ... No entanto, rituais não solucionam as questões fundamentais do espírito, nem a mera adoração a Deus desenvolve a edificação da alma. Na verdade, é o trabalho de **esvaziamento**, de **abrir espaço**, de **criar uma posição receptiva** com a retirada das impurezas mentais para que ocorra o alinhamento vibracional com o Universo.[89] Muda-se, deste modo, o polo de compreensão entre o "pedir" e o "criar" receptividade. No primeiro caso, queremos soluções externas, sem esforço, e, no segundo, assumimos o controle da vida, compreendendo que nada acontece se não colocarmos em ação os potenciais divinos imanentes. Tudo se inicia em nossos pensamentos.

---

89   Ver nosso livro *Aprendendo com Nosso Lar*.

10

PENSAR SEMPRE POSITIVAMENTE

Porque, da maneira como pensa em seu coração, assim será ele...
Pv, 23:7

A BÍBLIA É um livro que reúne muitas simbologias, expressas, entre outros recursos, por meio de parábolas, alegorias, metáforas, e, para que se entenda o sentido real, é preciso meditar sobre o seu lado oculto, ou seja, aquilo que está em sua essência. Saint-Exupéry, no livro *O pequeno príncipe* afirma que *o essencial é invisível aos olhos*. Quem vive a verdade, não se ilude com as distorções da realidade, impostas, muitas vezes, por interesses de domínio humano. Não podemos ficar apenas na literalidade do texto, porque isto, muitas vezes, nos impede de saborear o néctar espiritual de sua beleza. Assim, quando se fala, *porque da maneira como pensa em seu coração, assim será ele...*, quer dizer que, aquilo que a mente cultiva será a expressão da vida. Mente ou subconsciente, na linguagem psicológica, é sinônimo de coração. A mente é a base de toda a vida, e é ela quem alimenta os nossos pensamentos para a concretização daquilo que nela depositamos".[90]

---

90   Ver nosso livro *A oração pode mudar sua vida.*

Com esta reflexão acima, escrita em nosso livro *A oração pode mudar sua vida*, ressaltamos a importância do cultivo do pensar *positivamente*, para a construção de uma vida, cada vez mais saudável e feliz. Como temos enfatizado, a Lei do Universo materializa situações que condizem exatamente com os pensamentos, ou seja, ela manifesta precisamente o que é a nossa atitude mental. Em outras palavras, o Universo pode conspirar a seu favor ou contra você. A escolha é sua! Se a criação mental for de paz, amor, e harmonia, o Universo vai trazer exatamente isto de retorno para nós. "Seu pensamento é uma ordem", diria a Aladim, o gênio da lâmpada; nesta mesma linha de entendimento, as leis da mente, respondem "estamos às ordens", para concretizar a sua voz de comando. É importante insistir em que as Leis do Universo estão em estado potencial em nossa consciência. Somos o micro do macrocosmo.

Por outro lado, se você criar "quadros mentais" negativos (tristeza, angústia, pessimismo, espírito de derrota, entre outros) e neles se comprazer com insistência, automaticamente a Lei atenderá esses pedidos e não outros que não foram registrados. O cultivo de emoções negativas, segundo estudos neste sentido, preveem uma maior prevalência de câncer ou de lesões pré cancerígenas. Isso pode ser especialmente verdadeiro para pessoas que sofrem estados psicológicos negativos crônicos, como depressão. É a verdade quântica "semelhante atrai semelhante". Pensamentos doentios só podem atrair outros pensamentos doentios, acarretando 'estragos', pela persistência, na estrutura celular do corpo. A parábola do *filho pródigo* conta que o jovem, em determinado momento foi "apascentar porcos"; tal expressão utilizada expressa, simbolicamente, as consequências do "pensar negativo". Se extrairmos a essência desta história de Lucas, altamente educativa, aprenderemos muito, com referência à forma de pensar, e o nosso ato de aprender.

Esta expressão "apascentar porcos", dada a condição em que estes animais são criados, simboliza chafurdar-se na lama dos vícios, convivendo com os entulhos mentais ou energias deletérias. Precisou o jovem mudar de padrão vibratório para sair do "lugar longínquo" – vibração negativa – e aproximar-se, vibracionalmente, da Lei do Universo dentro de si mesmo. "Vou voltar para o meu Pai...", disse ele. Querendo com isso dizer, vou "sintonizar" com o Universo. É bem verdade que, muitas vezes, por consequência da condição de baixa vibração mental, atraímos entidades inferiores, que podem levar-nos à obsessão. No entanto, somos os criadores de pensamentos que atraem nossa condição mental. Mudando, contudo, o teor vibratório das emanações mentais, conseguiu a alegria do alimento puro de que o espírito necessita. [91]

O fundamental para harmonizar com as Leis do Universo é treinar pensar "positivamente", sempre. Não se trata de mera promessa da 'boca para fora', de entusiasmo do momento. É uma *nova atitude* de vida, que se transforma em hábitos mentais sadios. Para a mente sintonizar com a Lei, é preciso persistência. Se você deseja algo, persevere com convicção, para que isso (até então criado só na sua mente) se concretize. Aliás, pelas conclusões da física quântica, requer-se um pouco mais: **imaginar** que o fato desejado, já esteja concretizado. "A fidelidade é essencial. Assim como a certeza intelectual de que o que se quer se realizará. Não pode haver hesitação nem dúvida, nem no intelecto (confiar) nem no coração (fidelidade da união com o Eu Real). Não pode ficar pensando se poderá conseguir ou não, calculando as possibilidades e probabilidades, e agir com uma ponta de desconfiança intelectual. A prece não conhece limites: "**Tudo** quanto pedirdes". Todavia, é necessário ter uma certeza absoluta, como "se já tivéssemos recebido o que pedimos": temos que considerar o *fato consumado*; agir com a convicção plena de já ter o que queremos". [92]

Veja que, quando você lança uma semente ao solo, no geral não

---

91   Ver nosso livro *Filhos de Deus – o amor incondicional*.
92   PASTORINO, Carlos Torres. *Sabedoria do Evangelho*, vol. 7.

põe dúvida, pois sabe que, pelas leis naturais, elas se desenvolverão, produzindo de acordo com sua espécie. Toda semente produz, depende de nossa escolha; da mesma maneira, quando você posta uma correspondência nos Correios, imagina que ela, no tempo devido, cairá nas mãos da pessoa a quem foi endereçada. A coisa funciona mais ou menos por aí. Quando você pensa e quer efetivamente que se materialize o que semeou no mundo das ideias, *visualize* como algo que já está em suas mãos, já está concretizado. É sob esta ótica que "o homem bom tira *coisas boas* do bom tesouro que está em seu coração (mente), e o homem mau tira *coisas más* do mal que está em seu coração (mente), porque a sua boca fala do que está cheio o seu coração" (Lc., 6:45). Cada um expressa o que o coração (mente) está cheio. É preciso extrair a essência da letra.

De toda forma, todos somos donos de nossos pensamentos. E como tais, com maior ou menor dificuldade, podemos nutri-los, dirigi-los, expandi-los, reduzi-los ou rejeitá-los. Quando controlamos o nosso pensamento – afinal, somos donos do livre-arbítrio – podemos evitar uma série de dissabores e construir uma vida física e mental saudáveis. Muita gente acha que isto é muito difícil, que é pura teoria. No entanto, não se tem outro caminho. Você é quem o escolhe. Ninguém pode fazer isso por você! Às vezes se pergunta, como é que podemos identificar os nossos pensamentos negativos? Como saber, por antecipação que eles nos conduzirão a condutas ou estados de ânimos indesejáveis? É óbvio, voltamos a insistir, que não é fácil a construção de uma mente sadia. Não obstante, se pautarmos a conduta por princípios e valores universais, independentemente da fonte geradora – tais como: honestidade, responsabilidade, justiça, respeito aos outros, integridade, veracidade, entre outros – iremos, aos poucos, expulsando as ideias malsãs, e substituindo-as por essas boas ideias, de forma natural e espontânea, que acabam nutrindo a nossa conduta, trazendo benefícios saudáveis.

Às vezes, diante do desespero avassalador, quando você fica "sem chão", quando sente que está apenas "por um fio", quando as circunstâncias tornaram-se "incrivelmente difíceis", piorando a cada minuto, impensadamente, diz: "Deus se esqueceu de mim!". Na desesperança, sem força para sair da 'fossa', se fecha num quarto e se entrega... Será que você não está, neste momento, passando pela mesma situação? Sua alma não está "gritando" diante de tanto sofrimento, aflições, angústias, ansiedades, entre outros desequilíbrios emocionais? Nestas condições, a mente adoecida cria as cenas mais escabrosas ainda para a situação, e dessas, surgem outras similares que ampliam o problema, colocando em pane todo o sistema imunológico, com consequências imprevisíveis. O que fazer? Existem inúmeras soluções. Mas, de imediato, consulte um psicólogo, ou um orientador espiritual de inteira confiança e conte os seus problemas. Só de compartilhá-los com alguém, você já se acalmará, pois, no ato de contar para alguém o que lhe passa na alma, 'esvaziará' a tremenda carga emocional que lhe solapa toda alegria de viver.

É neste sentido que, para estas ocasiões, recomenda Tiago: "Confessai, pois, os vossos pecados uns aos outros e orai uns pelos outros, para serdes curados. (Tg. 5:16). Pela ótica espírita, não existe 'pecado', mas, escolhas "equivocadas". Ninguém é condenado pelos erros. E eles são necessários para despertar o ser em busca de novos rumos. Eles apenas 'sinalizam' que há algo em desequilíbrio em você, que precisa ser corrigido. Somos detentores do livre-arbítrio e as consequências das ações erradas nos acarretam apenas 'consequências'. Poderíamos dizer, ao invés de "confessar pecados", confissão de "escolhas equivocadas", o que não acarretará o malfadado castigo de Deus. Sempre afirmamos que "errar faz parte do jogo de aprender". A confissão de erros e transgressões a alguém em quem você confia ajuda na cura emocional. O ato de desabafar, contando a um amigo tudo que lhe causa dor, ajuda a aliviar o fardo que está carregando sozinho.

Quando confessamos a alguém as nossas angústias, não estamos aqui nos referindo à famosa "confissão auricular" (embora possa, de certo modo ajudar), praticada pela igreja nos confessionários, mas compartilhando com alguém o peso consciencial, que fatalmente nos aliviará, evitando que se instalem doenças no organismo. Nossas células são organismos vivos e estão atentas aos nossos pensamentos, sejam eles negativos, ou positivos. Esta confissão faz o que a psicologia chama de "catarse", que é a libertação psíquica de algum trauma, como o medo, a opressão ou outra perturbação psíquica. Através de terapias clínicas como a hipnose ou a regressão de memória, é possível resgatar as memórias que provocaram o trauma, levando o indivíduo a atingir diferentes emoções que podem conduzir à cura. Afinal, não existe efeito sem causa. No sentido religioso, a catarse é o estado de livrar-se de impurezas. As emoções manifestadas pelos participantes de um ritual religioso são também demonstrações de catarse ou de purificação da alma.

Agora, uma palavra de precaução. Embora a revelação dos equívocos cometidos possa nos trazer alívio, também deixa a pessoa vulnerável. Diante disto, tem-se medo de "contar tudo" pelo risco de que suas confidências sejam reveladas a terceiros, complicando ainda mais a situação. Por isso, a pessoa com quem você compartilha o problema tem que ser de extrema confiança. À medida, no entanto, que o espírito amadurece, aprenderá que a partilha será um processo espontâneo e individual em nosso reino interior, onde estão instaladas as Leis do Universo. Nesta ótica é que Jesus ensinou, "Tu, porém, quando orares, entra no teu quarto, e, fechada a porta, orarás a teu Pai que está em secreto; e teu Pai que vê em secreto, te recompensará." (Mt. 6:6). É óbvio que a tomada de atitude não ocorrerá da noite para o dia. Há tempo para tudo, diz o Livro de Provérbios. E o tempo é o senhor da razão.

Você já passou ou ainda está passando por situações idênticas? Não se preocupe. Você não está sozinho. Jesus, segundo narram os

Evangelhos, nos momentos cruciais procurava um "lugar à parte" para falar com Deus em sua intimidade. Embora haja doenças mentais que necessitam de tratamento profissional, muitos sentimentos desarmonizados podem ser aliviados pelo atendimento fraterno no centro por uma pessoa mais experiente, mais espiritualizada. Neste ponto, a religião – não importa qual a denominação –, tem ajudado muitas pessoas na superação de seus traumas psicológicos. Seguir o conselho de Tiago, não só alivia o fardo psicológico, como também traz força renovada para mudar o comportamento destrutivo.

"Reconciliai-vos o mais depressa possível com o vosso adversário, enquanto estais com ele a caminho" disse Jesus (Mt. 5:25-26.). O inimigo aqui referido não é apenas o desafeto externo, mas, principalmente, aquele que se carrega na intimidade, tal como as desarmonias emocionais (ódio, ansiedade, mágoa, ressentimento, falta de perdão). Enquanto eles estão sob o nosso domínio e podem ser tratados pela mudança de conduta, tudo bem. Se deixarmos, porém, para depois, pode ser que se instalem doenças somáticas, nem sempre de fácil tratamento. Sem falarmos nos casos de desespero profundo, em que o ser perde todo o controle, fugindo do mundo, muitas vezes, pelas 'portas do fundo', cometendo o suicídio. Assim, quando você não consegue, por si mesmo, sair do pântano mental, procure urgentemente um orientador amigo, que ajude a se safar dessa situação desconfortável. Para tudo há uma saída. Leia nosso livro *Há solução, sim!* Creio que os textos nele contidos, muito poderão ajudá-lo.

"Estude sua dor, o quanto antes, para que não se transforme em revolta", ensina André Luiz, em seu livro *Agenda cristã*.[93] Parta para uma renovação da mente. Mude o quanto antes sua forma de pensar. Veja a vida com otimismo. Treine mudar os seus pensamentos negativos, substituindo-os por pensamentos positivos. Você tem a

---

93 XAVIER, Francisco Cândido/ André Luiz. *Agenda cristã*, lição 34. Ler nossos comentários sobre esta lição, no cap. 25 de nosso livro *Há solução, sim!* (Ver bibliografia, no final)

semente divina em você. Afinal o reino de Deus está disponível em você. Utilize este potencial! Coloque uma música suave e, nos seus aposentos mentais, em silêncio, fale com Ele, com plena confiança de que você vai superar os obstáculos que impedem sua felicidade. "Vós sois luzes" e o fulgir desta potência íntima em seus aposentos vai ocorrer quando você registrar fé na mudança. Não esqueça que o Universo está pronto a atender o que você registra na mente. A felicidade está em suas mãos, não aguarde que ela venha de fora! Vá em frente..

11

DOMÍNIO DA MENTE SOBRE A MATÉRIA

Tudo o que somos é resultado do que pensamos. A mente é tudo.
Nós nos tornamos aquilo que pensamos.
Buda

SEGUINDO A LINHA de reflexões referente à influência da mente sobre o corpo, trazemos as interessantes experiências realizadas pelo doutor Masaru Emoto, registradas no seu livro, de grande sucesso internacional, *Mensagens ocultas na água*. Nele, o pesquisador mostra fotografias surpreendentes de cristais de água congelada, depois de submetidos a estímulos não físicos. Inicialmente, ele expôs os cristais de água à música, tanto de autores clássicos, como dos chamados rock pesado, fotografando os resultados. Depois de perceber que o tipo de música altera a forma dos cristais, ele estendeu seus experimentos para a *consciência*. Pensou ele, se a música cria um objeto físico que pode afetar as ondas da matéria-som, os pensamentos também teriam a mesma força? Nesta linha de estudos, desenvolveu, junto com sua equipe, o seu trabalho de pesquisa.

O doutor Emoto coloca nas garrafas de água rótulos que expressam emoções e ideias humanas, algumas positivas, como "muito obrigado" e "amor", e outras negativas, como "você me enoja", "vou matá-lo". Contrariando a ciência, a água respondeu a essas expressões nas garrafas. As que traziam rótulos com mensagens positivas formaram belos cristais, enquanto as que tinham no rótulo mensagens negativas, ficaram feias e malformadas. Diante deste trabalho foram desencadeadas, em todo o mundo, experiências científicas por pesquisadores. O que os cientistas querem saber é quão real é o domínio da mente sobre a matéria. Se os pensamentos têm esse efeito sobre a água, imagine o que podem nos fazer!

As informações e fotografias apresentadas no livro do doutor Emoto, "sugerem" estudos a respeito da força do pensamento sobre a matéria. Podemos comparar este trabalho com o que os espíritos têm nos informado, através de médiuns sérios e confiáveis, sobre as energias vibracionais humanas, pensamentos, palavras, ideias e músicas, que afetam a estrutura molecular da água. "O que une toda a Humanidade, toda a forma de vida, é a água. De 60% a 70% de nossos corpos são água. A superfície do planeta é principalmente água. Em sua brilhante inspiração, o pesquisador vai ao coração do elemento físico comum a todas as formas de vida. Se a vida (nós) pode afetar o mundo físico, é natural que isso apareça na água. Como se vê, há muito que a comunidade científica deva considerar. As experiências não param. Os resultados estão sendo publicados. O que queremos saber é: quão real é o domínio da mente sobre a matéria? Se os pensamentos têm esse efeito sobre a água, imagine o que podem nos fazer". [94]

A água é uma substância muito maleável. Sua forma física adapta-se facilmente ao que o ambiente contém. Mas a aparência física não é a única coisa que muda; sua estrutura molecular também muda. A energia ou as vibrações do ambiente mudarão a forma molecular da água. Neste sentido, a água tem, não somente a habi-

---

94 ARNTZ, William e outros. *Quem somos nós?*

lidade de refletir visualmente o ambiente, mas também reflete molecularmente este mesmo ambiente. Essas mudanças foram documentadas, pelo doutor Emoto, por meio de técnicas fotográficas. Ele congelou gotas de água e examinou-as então sob um microscópio de campo escuro dotado de recursos fotográficos. Seu trabalho demonstra claramente a diversidade da estrutura molecular da água e do efeito do ambiente sobre a sua respectiva estrutura molecular.

A água é a fonte da vida neste planeta e sua qualidade e integridade são essenciais para todas as formas vitais existentes. O corpo é semelhante a uma esponja e é composto de trilhões de células que contêm líquidos. A qualidade de nossa vida está diretamente ligada à qualidade da nossa água. Com as pesquisas acima citadas, ratificam-se os ensinamentos de Lísias quando explica que: "Compreenderá, então, que a água, como fluido criador, **absorve, em cada lar, as características mentais de seus moradores**. A água, no mundo, não somente carreia os resíduos dos corpos, mas **também as expressões de nossa vida mental**. (grifamos). Será nociva nas mãos perversas, útil nas mãos generosas e, quando em movimento, sua corrente não só espalhará bênção de vida, mas constituirá igualmente um veículo da Providência Divina, absorvendo amarguras, ódios e ansiedades dos homens, lavando-lhes a casa material e purificando-lhes a atmosfera íntima". [95]

Segundo Kardec,[96] uma ação magnética dirigida pela vontade faz com que uma determinada porção de água se torne *fluidificada*. Nesse processo, a água adquire propriedades diferentes das que possui em seu estado normal, chegando a ponto de servir como medicamento no tratamento de várias enfermidades. Para nós espíritas, com base nas informações dos espíritos, em diversas obras mediúnicas, a água absorve os fluidos espirituais ambientes ou direcionados a ela. E sendo assim, ressalte-se a importância do pensar

---

95   Ver nosso livro *Aprendendo com Nosso Lar*: Água: energia da vida, lição 9.
96   Relativa à resposta dos espíritos à questão 33, de *O Livro dos Espíritos*.

positivo, sempre. A mente positiva desenvolve um estilo de vida saudável, fazendo bem a si e às pessoas de sua convivência. Como é bom conviver com pessoas que estão irradiando astral alto! Elas ajudam-nos na transposição de problemas difíceis pelos quais estamos passando.

Nas casas espíritas, por exemplo, é usual, nos tratamentos espirituais, a fluidoterapia, por meio da emanação de fluidos. A água fluidificada é utilizada como complemento do passe, tornando-se portadora de recursos medicamentosos. Neste sentido, aconselha Emmanuel, através de Chico Xavier: "Se desejas o concurso dos amigos espirituais, na solução de tuas necessidades fisiológicas ou dos problemas de saúde e equilíbrio dos companheiros, coloca o teu recipiente de água cristalina à frente de tuas orações, espera e confia. O orvalho do Plano Divino magnetizará o líquido, com raios de amor, em forma de bênção, e estarás, então, consagrando o sublime ensinamento do copo de água pura, abençoado nos Céus".[97]

---

97 XAVIER, Francisco Cândido/Emmanuel. *Segue-me.*

12

EXCERTOS DE EMMANUEL SOBRE A FORÇA DO PENSAMENTO

> *Todos somos compulsoriamente envolvidos na onda mental*
> *que emitimos de nós, em regime de circuito natural.*
> ***Pensamento e vida*. Emmanuel**

EM SE CONSIDERANDO, que as reflexões, como proposta central deste livro, são voltadas para a *força do pensamento* sobre o corpo, julgamos de bom alvitre, abrir um espaço só para o espírito Emmanuel, que, numa das mais importantes obras sobre o assunto, denominada *Pensamento e vida*,[98] legou-nos um repositório de ensinamentos tão atuais, como se fossem escritos hoje. Jerônimo Mendonça – embevecido pelo teor da mensagem de Emmanuel – quando líamos para ele alguns excertos de suas obras, exclamava: "Professor, mas

---

98 XAVIER, Francisco Cândido/Emmanuel. *Pensamento e vida*. FEB

que inteligência desse espírito!".[99] O que pretendemos, com a inclusão de alguns dos fragmentos, é apenas trazer comentários sobre suas ideias, mostrando a contemporaneidade de seu pensamento, comparando-o com os avanços atuais das ciências. Aliás, neste mister, acatamos a lúcida recomendação de Kardec, no sentido de comparar as descobertas da ciência e o espiritismo: "Ou se acompanha a ciência ou o espiritismo perecerá". É óbvio, no entanto, que abordaremos neste texto tão só resultado de garimpagem de algumas de suas ideias. Outras *podem* e *devem* ser extraídas para um aproveitamento maior de suas elucubrações. Por isso, recomendamos ao estudioso, não só a leitura, mas o estudo profundo, se possível num grupo de estudos, deste livro de Emmanuel. Temos certeza de que você, após as reflexões, não será mais o mesmo...

Bem, vamos à análise de alguns desses pensamentos, embasados tão somente no referido livro:

O nosso pensamento cria a vida que procuramos através, do reflexo de nós mesmos, até que nos identifiquemos, um dia, no curso dos milênios, com a Sabedoria Infinita e com o Infinito Amor, que constituem o pensamento e a vida de Nosso Pai. (Introdução do livro *Pensamento e vida*)

Nossa mente, nossa vida... Nossos pensamentos *desenham* o 'molde' de nossos desejos, para que, no tempo devido, eles se materializem. A identificação com as Leis do Universo ocorrerá gradativamente, passo a passo, à medida que evoluímos. E o importante, ninguém será excluído. Todos chegarão lá, sem qualquer discriminação, pois o Universo não faz acepção de pessoas. Para o

---

99   Jerônimo Mendonça Ribeiro foi um grande trabalhador, palestrante e escritor espírita; trabalhou pelas causas sociais e pela divulgação da doutrina espírita. Jerônimo Mendonça, mesmo paralisado em uma cama ortopédica e cego trabalhava arduamente pelo ideal espírita e, por isso, ficou conhecido como *O gigante deitado*. Desfrutamos de sua convivência, quando fazia périplo pela nossa região, sendo nosso hóspede.

evangelista João "Deus é amor!". (I Jo. 4:8). A ideia de exclusão de pessoas, principalmente entre as religiões, fica por conta da vesga interpretação dos líderes religiosos. O Universo, sendo disponível a todos, em sua grandeza plena, atende-nos sempre, de acordo com o grau de maturidade. O tamanho da *vacuidade* que criamos na intimidade é na mesma proporção, – nem mais nem menos – ocupado pelo fluido da Força Infinita. O Universo nos dá eternamente "Vida em abundância". Cabe a cada um colher desta plenitude, paulatinamente, através das experiências, ao longo dos milênios, a cota que lhe cabe. Todos somos os construtores de nossa felicidade, sem qualquer sentido de culpa (quando erramos), pelas escolhas infelizes, porque "Deus (atuando por Leis) não leva em conta os nossos tempos de ignorância!". (At, 17:30).

Nesta linha de entendimento, sugestiva é a instrução de André Luiz, no livro *Respostas da vida*.[100]

> O pensamento é a nossa capacidade criativa em ação. Em qualquer tempo, é muito importante não nos esquecermos disso. A ideia forma a condição; a condição produz o efeito; o efeito cria o destino.
>
> A sua vida será sempre o que você esteja mentalizando constantemente... Em razão disso, qualquer mudança real em seus caminhos, virá unicamente da mudança de seus pensamentos. Imagine a sua existência como deseja deva ser e, trabalhando nessa linha de ideias, observará que o tempo lhe trará as realizações esperadas.
>
> As leis do destino carrearão de volta a você tudo aquilo que você pense. Nesta verdade, encontramos tudo o que se relacione conosco, tanto no que se refere ao bem, quanto ao mal.
>
> Observe e verificará que você mesmo atraiu para o seu campo de influência tudo o que você possui e tudo aquilo que faz parte do seu dia a dia.

---

100 XAVIER, Francisco Cândido / André Luiz. *Respostas da vida*, Texto: "Pensar".

> Todas as operações da existência se desenvolvem, de algum
> modo, sob a energia da fé. (Cap. 6).

A fé é força que nasce na própria alma, um esforço contínuo do próprio espírito em evolução para que sua presença, cada vez mais intensa, se desenvolva e fortaleça a existência. Ela (a fé) consiste em antever, com atitude mental firme, a realização daquilo que se deseja. Portanto, podemos dizer que, quem cultiva o pensamento positivo – sem desviar o foco – está, por analogia, exercitando a fé. Quem age com otimismo, acreditando que as coisas vão acontecer conforme pensa está demonstrando que tem fé. Repetindo Meimei, "de todos os infelizes, os mais desditosos são os que perderam a confiança em Deus e em si mesmos, porque o maior infortúnio é sofrer a privação da fé e continuar vivendo".[101]

A vida é feita de objetivos e, se "perdermos" a fé na existência, ela fica sem sentido. Por isso, não podemos parar nunca, pois, quando se tem fé, de algum modo, se tem vida. A depressão, considerada o mal do século, é, em parte, fruto da ausência de interesse na vida. Neste sentido, um conselho: se você se "aposentou" e pensa que a felicidade é "ir para os aposentos" (sentido literal), não fazendo mais nada, é candidato à doença, na certa! Procure ocupar-se, trabalhe, mesmo que seja em algo que você abandonou, porque não "tinha mais tempo". Revalorize os valores simples que você um dia abandonou. É possível que você ainda se lembre, com saudades, daquela horta no fundo do quintal, de cultivar o jardim, da viagem que você sempre acalentou, do instrumento musical que você começou a exercitar... O importante é não parar. Movimente-se! Água parada cria limo, apodrece...

---

101 XAVIER, Francisco Cândido / Meimei. *Confie sempre.*

> Assim também na vida comum, a alma entra em ressonância
> com as correntes mentais em que respiram as almas que
> se lhe assemelham. Assimilamos os pensamentos
> daqueles que pensam como pensamos. (Cap. 8).

Já nos referimos, anteriormente, à questão de sintonia mental. Vivemos e respiramos em um mundo de *energia*, de acordo com as ondas mentais que emitimos. A Ciência provou, através da física quântica, que somos *energia*, e que estamos todos conectados, através da vibração de nossos pensamentos. No nível microscópico, nada é material, tudo é vibração, tudo é feito de *energia condensada*. Vivemos num Universo de vibração e nossos corpos são feitos a partir da vibração da *energia* que emanamos constantemente. Mas, como vivemos em um mundo, em que tudo é *energia*, ensina-nos a física quântica que estamos conectados uns aos outros, quando sintonizamos na mesma faixa vibracional. Daí porque a sintonia de 'pensamento para pensamento' se faz por energia vibracional.

Quando estamos irradiando em determinada faixa vibracional, todas as pessoas que estão na mesma ondulação mental captam os pensamentos – estão, assim, na mesma sintonia. De forma análoga, podemos comparar nossos pensamentos, com a sintonia de uma emissora de rádio, um aparelho de televisão, ou um celular. Quando conseguimos a limpidez na comunicação, dizemos que estamos em sintonia perfeita, com a onda energética. Ocorrerá o contrário, quando o som está inaudível, com barulho; diremos que o aparelho está fora de sintonia. É este o sentido do pensamento de Emmanuel: Estamos em sintonia com os espíritos – estejam no corpo ou fora dele – quando vibramos na mesma faixa ondulatória. Daí a expressão de que "semelhante atrai semelhante". Assimilamos os pensamentos daqueles que pensam como pensamos. Por esta mecânica explicam-se os efeitos da prece à distância, a comunicação mediúnica, a telepatia, entre outros.

> Cada atitude de nossa existência polariza forças naqueles que se nos afinam com o modo de ser, impelindo-os à imitação consciente ou inconsciente. (Cap. 9).

A questão da afinidade é fundamental para que ocorra alinhamento entre o emissor e o receptor. Quem transmite o pensamento, o faz por vários caracteres, sendo suas atitudes "copiadas" por aqueles que "pensam" da mesma maneira. Tal imitação, dada a forte impressão que causa no interlocutor, pode ser assumida de forma consciente ou inconsciente. Uma série de fatores leva o espírito, por sugestão, ao ato da imitação. A sugestão é acontecimento de toda hora, na vida de todos os seres, com base na reflexão mental permanente. Como tudo evolui, sobre este aspecto, nada é definitivo. Quando retornamos, através da reencarnação, às lides terrenas, trazemos na bagagem os reflexos de nossas experiências, com recursos, para alterarmos o que foi aprendido. Este é o sentido da evolução contínua do espírito, aprendendo sempre, eliminando ações inúteis e construindo um patrimônio cada vez mais consistente. Então, influenciamos e somos influenciados, somos professores e alunos, ao longo da vida, através de nossas emoções, pensamentos e atos. Daí, a importância da vida em sociedade, para que ocorra, na interatividade, a troca de experiências. A vida em sociedade é uma das leis naturais e o homem necessita viver em sociedade para que ocorra o progresso, em todos os sentidos. O isolamento absoluto é contrário à Lei da Natureza, pois, "os homens buscam instintivamente a sociedade e todos devem concorrer para o progresso, ajudando-se mutuamente".[102]

---

102 KARDEC, Allan. *O Livro dos Espíritos*, questão 767.

> Todos somos compulsoriamente envolvidos na
> onda mental que emitimos de nós, em regime de
> circuito natural. Categorizamo-nos bons
> ou maus, conforme o uso de nossos sentimentos
> e pensamentos... (Cap. 10).

Todos os seres vivos, dos mais rudimentares aos mais complexos, se revestem de um "halo energético" que lhes corresponde à natureza.[103] André Luiz denomina esta auréola de *psicosfera* ou *fotosfera* psíquica; Waldo Vieira, de *pensene* [104]; outros, aura. Todos os termos são sinônimos e podem ser definidos como o campo de emanações de natureza eletromagnética que envolve todo ser humano – encarnado ou desencarnado –, refletindo, não só a sua realidade evolutiva e o seu padrão psíquico, como também sua situação física e emocional do momento, espelhando seus pensamentos, sentimentos, desejos, ideias, opiniões, etc.

Por meio desta emanação energética, sintonizamos de pensamento a pensamento, com os nossos interlocutores, sem a necessidade das palavras para expressarmos as simpatias ou repulsões de energias. É o que ocorre na comunicação mediúnica. Somos identificados, pelos espíritos por meio da psicosfera mental, emanada em torno de nós mesmos. A nossa mente irradia em forma de fotografias, aquilo que estamos pensando. Nossas leituras, filmes a que assistimos, fatos que relatamos, são exteriorizados pelo nosso campo mental, que vem a constituir a nossa "aura", a nossa "psicosfera" ou nosso "pensene". A título de comparação, atentemos para as charges que os desenhistas criam, colocando em destaque, acima da cabeça, o que, simbolicamente, estão pensando. A coisa corre

---

103 XAVIER, Francisco Cândido/André Luiz. *Evolução em dois mundos*, cap. XIII.
104 O termo PENSENE foi criado para a conscienciologia, por Waldo Vieira, pela junção das sílabas iniciais das palavras pensamento, sentimento e energia (pen + sen + e = PENSENE).

mais ou menos por aí. Para os espíritos, através dessas fotografias que projetamos, somos identificados.

Daí porque, cada um de nós tem a responsabilidade de construir o próprio mundo mental, selecionando o que *fala*, o que *vê*, o que *ouve*, o que *lê*, porque, na realidade, cada um é identificado, não pelo que simula ser, mas pelo que projeta, em matéria mental do psiquismo. Jesus utilizou da simbologia do "túmulo caiado", para condenar os hipócritas que se apresentam como pessoas de bem, mas que no fundo são cheios de impurezas: "Ai de vós, doutores da Lei e fariseus hipócritas, porque sois semelhantes a túmulos caiados: formosos por fora, mas por dentro, cheios de ossos de mortos e de toda a espécie de imundície" (Mt., 23:27-28). Quando coléricos e irritadiços, agressivos e ásperos para com os outros, criamos por atividade reflexa, a desarmonia psíquica, que será, incontinenti, exteriorizada na psicosfera pessoal; por outro lado, quando generosos e compreensivos, prestimosos e úteis, com aqueles que nos cercam, expressamos uma aura de paz e harmonia. Daí concordarmos com Emmanuel que "Categorizamo-nos bons ou maus, conforme o uso de nossos sentimentos e pensamentos...".

Desde a fase embrionária do instrumento em que se manifestará no mundo, o espírito nele plasma os reflexos que lhe são próprios. (Cap. 14).

O espírito participa, desde o início, da formação do corpo, já que este será seu veículo de manifestação, durante a estada na Terra. "O corpo físico reflete o corpo espiritual, que o modela e estrutura, tanto quanto ele – o corpo espiritual – retrata em si o corpo mental, que lhe preside à formação".[105] É óbvio então, que, do ponto de vista espiritual, ele plasmará os reflexos trazidos nas experiências

---

105 XAVIER, Francisco Cândido/André Luiz. *Evolução em dois mundos*, Primeira parte, cap. II.

adquiridas, ao longo das existências. Como o homem é o que pensa, a consciência traz consigo a soma dos reflexos bons ou maus de que é portador, segundo o que semeou para si mesmo, através dos tempos. Isto será plasmado no corpo nascente. Como resultado de sua manifestação, o espírito – e não o corpo – é fraco ou forte, conforme o conteúdo dos pensamentos que elabora e a que se entrega. Assim, de acordo com sua paisagem mental, a existência física será plasmada em face do vigor da energia direcionada.

> As enfermidades congênitas nada mais são que reflexos da posição infeliz a que nos conduzimos no pretérito próximo, reclamando-nos a internação na esfera física, às vezes por prazo curto, para tratamento da desarmonia interior em que fomos comprometidos. (Cap. 14).

Aqui, Emmanuel, traz à reflexão a questão dos atos praticados, considerados por nossa consciência, em existências anteriores, como deletérios. Deixando a esfera física em desarmonia com as Leis do Universo teremos, obviamente, que, por nossos próprios esforços, equilibrar-nos, mediante o enfrentamento da lei de causa e efeito. No entanto, nem sempre o tempo nos permite aparar as arestas da culpa, nesta própria existência. Levamos, na consciência, para o plano espiritual a gravação psíquica de nossos equívocos. Ao retornarmos a um novo corpo, os reflexos do passado em corpo anterior, manifestam-se, cobrando-nos o retorno ao equilíbrio com a Lei. "Não há uma única imperfeição da alma que não importe funestas e inevitáveis consequências, como não há uma só qualidade boa que não seja fonte de um gozo", afirma Kardec.[106]

É por essa razão que, muitas vezes, as enfermidades congênitas que trazemos nada mais são que reflexos de nossas ações;

---

106 KARDEC, Allan. *O Céu e o Inferno*, cap. VII, item 3.

outras vezes, a criatura é visitada por estranhas provações, em plena prosperidade material, ou por doenças no corpo físico, sem que isso tenha qualquer conotação como 'castigo' divino, mas por cobrança da própria consciência, diante dos remorsos ocultos, que, pela lei da ação e reação, nos cobra acertos. Mesmo que você não aceite a pluralidade de existências, analise apenas esta. Você não sente cobranças da própria alma, quando age em desacordo com a consciência? Mas não sofra por isso, aceite como bênçãos que nos corrigem as escolhas infelizes. Entenda que isso é da Lei do Universo. Evoluímos com nossas escolhas infelizes...

A prática do bem, simples e infatigável pode modificar a rota do destino, de vez que o pensamento claro e correto, com ação edificante, interfere nas funções celulares, tanto quanto nos eventos humanos, atraindo em nosso favor, por nosso reflexo melhorado e mais nobre, amparo, luz e apoio, segundo a lei do auxílio. (Cap. 14).

Pela lei das compensações, podemos mudar o roteiro da vida. Não pense, todavia, que, se houve eventual programação, antes do berço (nem ficamos sabendo disso) com respeito a "acertos", por desvios de conduta, que eles deverão acontecer tais e quais foram idealizados. Pelo contato social – família, escola, religião, grupos de reflexão, entre outros – podemos, pela ação no bem modificar a rota do que traçamos. Na construção civil, quando um engenheiro desenha a planta de uma casa, no decorrer da obra pode modificá-la. A aula planejada pelo professor sofre constantes modificações no decorrer da exposição. Da mesma forma, a vida é construção pessoal, podendo os objetivos que traçamos ser modificados a qualquer momento. Nossos pensamentos positivos interferem nas funções celulares, quanto aos possíveis eventos que, 'teoricamente', teríamos programado. O Universo conspira a nosso favor, acatando tanto pensamentos positivos, como negativos, razão pela qual, se queremos crescimento espiritual, quanto mais praticarmos ações voltadas para o bem, mais felizes seremos. Não podemos ficar presos à ideia de que a reencarnação tem por finalidade "pagar dívidas". Reencarna-se para evoluir. Dores e sofrimentos são consequência. Nunca castigo divino...

Concordamos com a interpretação de Medran sobre a reencarnação, ao ensinar que "O melhor que o espiritismo poderá fazer por ele é esclarecer que não precisará padecer o mesmo sofrimento a outro infligido para se liberar da culpa. Que há outras formas mais nobres e saudáveis de se liberar do sofrimento da culpa. A ideia de que somente sofrendo o mesmo mal por nós cometido, haveremos de nos libertar da dor, além de expressar conceito divorciado dos nobres objetivos da vida, inocula no espírito perigosos vírus autodestrutivos". E complementa, dizendo: "Quando pensamos o espiritismo como uma doutrina pedagógica, não estamos negando a lei de causa e efeito, mas, justamente buscando efeitos mais eficientes e menos dolorosos para nos harmonizarmos diante do que desarmonizamos. Não procedendo assim estaremos alimentando o círculo vicioso da autovingança, da perpetuidade do mal e, pior, atribuindo a esse círculo vicioso a condição de justiça divina. Justiça sem educação e sem amor não é justiça".[107]

---

107 Jornal *Opinião*, outubro 2012, editado pela CCEPA, de Porto Alegre-RS.

13

AINDA SOBRE EXCERTOS DE EMMANUEL
SOBRE A FORÇA DO PENSAMENTO

TRAZEMOS MAIS ALGUNS pensamentos de Emmanuel relacionados com a força da mente em nossas vidas:

> A cólera e o desespero, a crueldade e a intemperança criam
> zonas mórbidas de natureza particular no cosmo orgânico,
> impondo às células a distonia pela qual se anulam quase
> todos os recursos de defesa, abrindo-se leira fértil à
> cultura de micróbios patogênicos nos órgãos
> menos habilitados à resistência. (Cap. 15).

Deepak Chopra[108] afirma que "as células estão constantemente 'bisbilhotando' os nossos pensamentos e sendo modificadas por eles". "Um surto de depressão pode arrasar seu sistema imunoló-

---

108 DEEPAK CHOPRA é indiano radicado nos EUA, desde a década de 70, médico formado na Índia, com especialização em Endocrinologia nos Estados Unidos. Filósofo de reputação internacional, já escreveu mais de 35 livros; um dos mais respeitados pensadores da atualidade.

gico; apaixonar-se, ao contrário, pode fortificá-lo tremendamente". Que ilações podemos tirar dessas afirmações? Tudo que pensamos, com insistência, sem fugir do foco, fatalmente, atingirá nossas células. Elas estão constantemente em "alerta" para o atendimento às ordens de nossos comandos mentais. Quando manifestamos alegria e realização, mantemo-nos saudáveis e prolongamos a vida. Se nos prendermos às situações desagradáveis e estressantes, vivenciadas no passado, o organismo libera um fluxo de hormônios destrutivos. Assim, a escolha é somente nossa: criamos saúde ou doença, tudo fica na dependência do que enviamos ao cosmo orgânico. Fortalecemos a resistência orgânica às doenças, quando desenvolvemos vida feliz, ou projetamos vida de tristeza, acabando com a imunidade celular, anulando quase todos os recursos de defesa. É neste sentido que "Todos os sintomas mentais depressivos influenciam as células em estado de mitose[109] estabelecendo fatores de desagregação".[110]

> Nossas emoções doentias mais profundas, quaisquer que sejam, geram estados enfermiços. (Cap. 15).

Adquirimos pela alimentação, imensa quantidade de bactérias patogênicas que se instalam no mundo celular, acarretando moléstias infecciosas. Mas não somente pela alimentação podemos adoecer o organismo. Muitas doenças podem também ser originadas pelas emoções doentias que produzimos. Assim é que "Nossas emoções doentias mais profundas, quaisquer que sejam, geram estados enfermiços". Cultivemos, pois, pensamentos retos. Pois, só estes conduzem a retos pensamentos. Sem o hábito de pensar positivamente, causamos desequilíbrios ao aparelho somático.

---

109 Processo de reprodução celular que consiste na duplicação do material genético para dar origem a duas células idênticas à original.
110 XAVIER, Francisco Cândido/Emmanuel. *Pensamento e vida.*

> Martelados pelas vibrações de sentimentos e pensamentos doentios, atingimos o desequilíbrio parcial ou total da harmonia orgânica, enredando corpo e alma nas teias da enfermidade, com a mais complicada diagnose da patologia clássica. (Cap. 22).

Nossa mente funciona tal como uma usina, produzindo energias. A usina produz energias elétricas e, nós, as mentais, ou psíquicas. Quando em desarmonia com o Universo, criamos morbidez parcial ou total para o corpo e para a alma. O pensamento sombrio adoece o corpo são e agrava os males do corpo enfermo. Toda emoção violenta sobre o corpo é semelhante a martelada forte sobre a engrenagem de máquina sensível, e toda aflição amimalhada é como ferrugem destruidora, prejudicando-lhe o funcionamento. Sabe hoje a medicina que toda tensão mental acarreta distúrbios de importância no corpo físico.[111] O estado negativo produz, assim, por emanação de reflexos incessantes, perturbações em determinado órgão do corpo. Ausentes do dever, caímos no sentimento de culpa, que acarretará, por consequência, o remorso; estas vibrações desequilibradas penetrarão sutilmente nos tecidos da alma, adoecendo-os.

> Não há, por isto, obsessão unilateral. Toda ocorrência desta espécie se nutre à base de intercâmbio mais ou menos completo. (Cap. 27).

Sobre a influência dos pensamentos no intercâmbio entre as pessoas, ensina Suely Caldas: "Existe hoje em dia, na visão da física quântica, uma fantástica rede cósmica. Tudo que a pessoa faz repercute no Universo. Não estamos isolados, de maneira que a nossa conduta esteja só no nosso âmbito, restrita ao nosso modo de vida. Nos-

---

111 Idem, ibidem, cap. 28.

sos pensamentos se espraiam, porque estamos vibrando, emitindo pensamentos e, com isso, nós vamos alcançar outras pessoas; a pessoa, que pensa, mesmo sem saber, capta os pensamentos daqueles que estão na mesma faixa vibratória".[112] Daí, então, vem o problema da obsessão que, segundo Allan Kardec, é "o domínio que os espíritos inferiores exercem sobre determinadas pessoas". Eis, novamente, o sentido do pensamento, por projeção mental, influenciando a si e a terceiros. Sempre que duas mentes, vibrando na mesma sintonia, entrelaçam-se no mesmo propósito, há o domínio de um sobre o outro. "Podemos captar pensamentos de outras pessoas, sem que saibamos disso. Ela pode ocorrer no plano espiritual, quando um espírito influencia outro; também, reciprocamente, entre desencarnados e encarnados, em via de mão dupla: 'de lá pra cá' e 'daqui para lá'".

No livro *Aprendendo com Nosso Lar*, comentamos o caso de Ribeiro (desencarnado) sendo obsidiado pela família, "daqui para lá".[113] Em quase todos os processos obsessivos existem duas partes envolvidas. Só na auto-obsessão, o indivíduo atormenta-se a si mesmo. A obsessão é sempre produto de uma auto-obsessão. O desequilíbrio tem início na mente. Telepaticamente, por questão de sintonia vibratória, a criatura entra em contato com outros indivíduos que vibram no mesmo diapasão. O processo inicia-se aí. Não há mistério, há apenas ligação de "mente a mente". O indivíduo estabelece laços com pensamentos desfavoráveis, e, entrando em ondas desagradáveis, colhe os frutos de seu próprio desequilíbrio. Não há, pois, 'obsessão unilateral'. Toda ocorrência desta espécie se nutre à base de intercâmbio mais ou menos completo.[114]

Qual a solução? Dar nova paisagem à mente, consagrando-se à paz e ao serviço incessante no bem. Esta é a fórmula ideal para libertar-se de todas as algemas. Trabalhar para manter pensamentos

---

112 Programa Transição, nº 89, exibido em 13 de junho de 2010, no www.youtub. com.br
113 Ver nosso livro *Aprendendo com Nosso Lar*, cap.18.
114 XAVIER, Francisco Cândido/Emmanuel. *Pensamento e vida*, cap. 27.

positivos, procurando expulsar toda e qualquer ideia malsã. Você até pode ser ajudado por terceiros, mas, a cura da obsessão é uma autocura. As obsessões anímicas (auto-obsessão) são causadas por uma influência mórbida residente na mente do próprio paciente. Por causa de vícios de comportamento, ele cultiva de forma doentia pensamentos que causam desequilíbrio em sua área emocional. É nesta ótica, que deixando de transferir a responsabilidade aos espíritos obsessores, como soi acontecer, que Kardec aduz: "Reconhece--se o verdadeiro espírita pela sua transformação moral e pelos esforços que faz para dominar suas más inclinações".[115]

> Quanto mais nos rendamos a essa ou àquela ideia, no imo de nós mesmos, com maior força nos convertemos nela, a expressar-lhe os desígnios. (Cap. 27).

Sob esta ótica, Emmanuel afirma que, "Aquilo que nos ocupa o pensamento é a substância de que se nos constituirá a própria vida".[116] Tome cuidado, portanto, com o que você alimenta em sua alma, pois, quanto mais você se fixa numa ideia, mais força ela adquire. Seja a ideia positiva, seja negativa, a mente inconsciente, pela insistência, grava e expressa o que projetamos. "Se colocarmos uma ideia apenas uma vez, uma coleção de neurônios livre formará uma rede, mas não "entalhará uma trilha" no cérebro. No entanto, quando uma ação ocorre seguidamente, as células nervosas desenvolvem conexão, cada vez mais forte, e se torna progressivamente mais fácil acionar aquela rede. Se acionarmos repetidamente as redes neurais, os hábitos ficam cada vez mais estruturados no cérebro e se tornam difíceis de mudar. À medida que uma conexão é usada muitas vezes, ela fica mais forte, mais estabelecida. Isso pode ser uma vantagem – houve uma aprendizagem – mas, também pode

---

115 KARDEC, Allan. *O Evangelho segundo o Espiritismo*, cap. XVII, item 4.
116 XAVIER, Francisco Cândido. *Palavras de vida eterna*, lição 20.

tornar mais difícil a mudança de comportamentos indesejáveis".[117]
É o mesmo que se verifica com a pedra quando em serviço de gravação. Quanto mais repetida a passagem do buril, mais entranhado o sulco destinado a gravar minudência da imagem. Eis como ocorre a chamada, auto-obsessão, e, que, por consequência, com o tempo, poderá atrair os companheiros que pensam como nós. Daí dizer-se que ela não ocorre unilateralmente. Dar novo pasto à mente pelo estudo que eleve e consagrar-se em paz ao serviço incessante é a fórmula ideal para libertar-se de todas as algemas.

> Ninguém poderá dizer que toda enfermidade, a rigor, esteja vinculada aos processos de elaboração da vida mental, mas todos podemos garantir que os processos de elaboração da vida mental guardam positiva influenciação sobre todas as doenças. (Cap. 28).

As doenças podem ser causadas por fatores externos, ou por disfunções internas, tais como doenças autoimunes. Assim, obviamente, não se pode afirmar que toda enfermidade é reflexo da vida mental. Muitas moléstias que surgem desde o nascimento e acompanham o espírito pela vida terrena, estão relacionadas aos desequilíbrios trazidos na alma de experiências anteriores. Insistimos, todavia, que o fato não tem qualquer sentido de 'pagar dívida', ou de 'castigo divino', como comumente se interpreta; é o próprio espírito que carrega no foro da consciência todas as ações consideradas injustas. O erro ajuda-nos na descoberta do certo. As consequências de alguns comportamentos – escolhidos erradamente, por imaturidade – acarretam doenças ao organismo e são sempre consequências de desarmonias com as Leis do Universo. Funcionam como forma de depurar, no tempo de entendimento de cada um, aquilo que

---

117 ARNTZ, William e outros. *Quem somos nós?*

está em desequilíbrio com a lei da consciência. É assim que, muitas inibições congeniais, mutilações imprevistas e enfermidades dificilmente curáveis são consequências de ações praticadas contrárias às leis universais. Com o tempo, passado o desequilíbrio, o espírito volta à normalidade. Tudo num processo íntimo de correção de rumos, sem a necessidade da reprimenda de um Deus externo. "Os sintomas patológicos na experiência comum, em maioria esmagadora, **decorrem dos reflexos infelizes da mente sobre o veículo de nossas manifestações,** operando desajustes nos implementos que o compõem." **(grifos nossos).** [118]

> Se não é aconselhável envenenar o aparelho fisiológico pela ingestão de substâncias que o aprisionem ao vício, é imperioso evitar os desregramentos da alma que lhe impõem desequilíbrios aviltantes, quais sejam aqueles hauridos nas decepções e nos dissabores que adotamos por flagelo constante do campo íntimo. (Cap. 28).

Da mesma forma que devemos cuidar da saúde, eliminando vícios, que possam envenenar o corpo, temos que 'vigiar' constantemente os pensamentos, evitando reter emoções doentias que, com o tempo, afetarão fatalmente o corpo. "Cultivar melindres e desgostos, irritação e mágoa é o mesmo que semear espinheiros magnéticos e adubá-los no solo emotivo de nossa existência; é intoxicar, por conta própria, a tessitura da vestimenta corpórea, estragando os centros de nossa vida profunda e arrasando, consequentemente, sangue e nervos, glândulas e vísceras do corpo que a Divina Providência nos concede entre os homens, com vistas ao desenvolvimento de nossas faculdades para a Vida Eterna". [119]

Lembremo-nos do alerta de Deepak Chopra, atrás apontado,

---

118 XAVIER, Francisco Cândido/Emmanuel. *Pensamento e vida*, cap. 28.
119 Idem, ibidem, cap. 28.

de que "as células estão constantemente bisbilhotando os nossos pensamentos". O vício é algo adquirido pelas fraquezas da alma. Repetindo: Reencarna-se para evoluir. Ninguém vem à Terra para aprisionar-se a vícios, mas sim, para avançar na trajetória evolutiva. Uma saúde debilitada, por falta de cuidados, e os vícios a que muitos se entregam, por falta de esclarecimentos, são fatores que prejudicam, e muito, o bom aproveitamento da vida. Assim, nenhum esforço deve ser poupado para que se tenha um corpo saudável, sem viciação de qualquer natureza. É óbvio que, durante a vida toda, somos testados exatamente nos pontos vulneráveis de nossas fraquezas, pelos atrativos do mundo.

Duas sugestões estão à nossa disposição, segundo Jesus: a *porta larga* e a *porta estreita*. Cabe, a cada um, por prerrogativa do livre-arbítrio, escolher o melhor caminho. Dizia Paulo, "tudo me é lícito, mas nem tudo me convém" (I Co. 6:12). Muitas vezes, estamos a ponto de estourar, por não termos forças para resistir às tentações (testes) do mundo, que atacam os pontos em que somos mais vulneráveis. Procuremos, então, um conselheiro, um orientador espiritual de nossa confiança, ou igreja – seja lá qual for – e revise os seus pensamentos. Usemos da oração. Ela é força extraordinária, ajudando-nos a colocar as coisas no devido lugar. É preciso urgência no ato de mudar o rumo dos pensamentos, esforçando-nos para expelir as coisas ruins do passado, e seguindo na busca incessante do bem. Ouçamos, ainda, o conselho de Paulo: "Mas uma coisa faço: esquecendo-me das coisas que atrás ficam, e avançando para as que estão diante de mim, prossigo para o alvo" (Fp. 3:13-14).

14

O 'PENSAR POSITIVO' FUNCIONA MESMO?

*O Universo inteiro conspira a seu favor, quando você deseja algo
do fundo do coração.*

A FÍSICA QUÂNTICA descobriu que os átomos físicos são constituídos de vórtices de energia. Os vórtices são os movimentos fortes e giratórios, vibrando, de forma espiralada, em torno de si mesmos, constantemente. "Cada átomo é um centro que gira e irradia energia e cada um deles tem uma assinatura (movimento) e constituição (moléculas) própria. Por isso, emitem coletivamente padrões de energia que podem ser identificados. Todo material do Universo, incluindo você e eu, irradiamos uma assinatura enérgica única".[120] Veja o caso, por exemplo, da identificação da pessoa feita pela íris. Você chega a um escritório e, ao invés de apresentar algum documento de identificação, simplesmente aproxima os olhos de uma máquina leitora. Em questão de segundos, a porta se abre. Trata-se, na verdade, de um sistema biométrico de leitura da íris – hoje considerado umas das técnicas mais avançadas em termos de se-

---

120 LIPTON, Bruce H. *Biologia da crença.*

gurança no mundo, deixando para trás os sistemas mais antigos de impressão digital (que é também a assinatura enérgica do corpo), ou até os mais modernos, como mecanismos de voz. Somos únicos, genuínos, perante o Universo.

Na prática, se fosse possível observar a composição do átomo descobrir-se-ia que ele é invisível. Quando se observa a sua estrutura, o que se vê é apenas um **vácuo**. Não há matéria física. Os átomos são feitos de *energia invisível*, e não de matéria palpável. É neste sentido, que podemos dizer com Jesus, "Vós sois luzes", ou ainda, "Vós sois fótons". Tudo que existe, origina-se da luz, não a luz criada, mas a luz incriada, causa primeira de todas as coisas. "Nós viemos da luz, lá onde a luz nasce de si mesma, surge e se manifesta em sua imagem".[121] Este livro que você está sustentando – bem como suas mãos – parece ser bastante sólido, mas, se colocado sob a lente de um microscópio atômico, verá que não está segurando coisa alguma. Tudo é constituído de energia. A matéria pode ser definida tanto como um conjunto de partículas sólidas, quanto um campo (onda) de força não material.

Assim, quando estamos pensando, irradiamos energia da mente, influenciando o corpo físico. Muita gente descrê que o 'pensar positivo' sobre a matéria funcione, efetivamente... Sem mesmo qualquer conhecimento científico, sabemos que a pessoa que sempre 'pensa positivo' mantém saúde e bem-estar, elevando a autoestima, pois, com esse comportamento, evita o surgimento de pensamentos negativos que drenam a energia e debilitam o corpo. Porém, o simples fato de 'pensar positivo' não altera a nossa vida. Na verdade, muitas pessoas que tentam pensar positivo e não obtêm o resultado desejado acabam ficando ainda mais debilitadas, acreditando que não há mais esperança para a sua vida, e que já esgotaram todas as possibilidades e recursos disponíveis. É o que ocorreu com a re-

---

121 *Logion 50*, de *O Evangelho de Tomé, O elo perdido*, de nossa autoria.

velação de uma frequentadora de nossa casa espírita, dizendo que, depois de ter lido o livro *O segredo*, de Rhonda Byrne – *best seller* no campo da autoajuda –, se decepcionou, pois, após praticar por alguns dias as recomendações, não obteve resultado. Abandonou a prática, descrente.

É preciso que entendamos, todavia, que, embora, para efeito didático, dividamos a mente em *consciente* e *inconsciente*, na realidade, elas são interdependentes. A mente *consciente*, mais criativa, é que gera "pensamentos positivos" (ou "negativos"). É ela que sugere à mente *inconsciente* a ideia criada. E esta que é encarregada de analisar os pensamentos sugeridos. A mente subconsciente é um depósito de reações e respostas a estímulos derivados dos instintos e das experiências vividas. Ao longo da vida, as redes neurais, uma vez acionadas juntas, repetidamente, transformam-se em hábitos, respondendo sempre mecanicamente. É o nosso piloto automático.

A respeito desse assunto, o pesquisador americano, atualmente *best seller* no Brasil, Leonard Mlodinow, escreve em seu novo livro, *Subliminar – como o inconsciente influencia a nossa vida* –, que todos os nossos julgamentos são afetados por motivações subliminares. *Subliminar* é o termo para qualificar ações que ocorrem abaixo do limite da consciência. Ao afirmar que somos comandados por dois cérebros, informa, com suas pesquisas, que "alguns cientistas estimam que só temos consciência de cerca de 5% de nossa função cognitiva. Os outros 95% vão para além de nossa consciência e exercem enorme influência em nossa vida – começando por torná-la possível".[122] Assim, atesta ele que, até as escolhas e decisões que nos parecem mais objetivas são forjadas no inconsciente. Mais que isto, ele incita aos *pressentimentos* que surgem do "lado escuro da mente".

Nesse entendimento da pesquisa científica é preciso 'repensar' o que disseram os espíritos a Kardec, generalizando que **o pressenti-**

---

122 MLODINOW, Leonard. *Subliminar – Como o inconsciente influencia nossas vidas.*

mento é o conselho íntimo e oculto de um espírito que vos deseja o bem. (Q. 522). Era o entendimento deles, com base na ciência da época. Tiramos essas conclusões, com amparo nos ensinamentos do próprio codificador, quando conclui que: "Um dos primeiros resultados das minhas observações foi que os espíritos, não sendo senão as almas dos homens, **não tinham nem a soberana sabedoria, nem a soberana ciência**; que **seu saber era limitado ao grau de seu adiantamento, e que sua opinião tinha apenas o valor de uma opinião pessoal.** Esta verdade reconhecida desde o princípio preservou-me do grave escolho de crer na sua infalibilidade, e me impediu de formular teorias prematuras, sobre o dizer de um único ou de alguns espíritos". (Grifos nossos).[123] Assim, os *pressentimentos*, embora possam ter origem nas sugestões de espíritos, são também, em grande parte, consequências de aprendizagens gravadas na mente inconsciente, emergindo em nossas ações atuais.

Pense quando você começou a aprender a dirigir carro. De início era muito difícil conciliar o volante, a mudança de marcha, a embreagem, o freio e a preocupação com o trânsito. Com o tempo, porém, em função da fixação da aprendizagem, transformando-a em hábito, você passou a fazer tudo de forma automática, sem mesmo pensar naquela parafernália toda. Uma vez estruturado na mente inconsciente, isto é, fixado nas redes neurais, fica o hábito cada vez mais forte, pode facilitar a vida, mas, por outro lado, a mudança, quando desejada, se torna mais difícil.

Não adianta, pois, reclamar quando a mente consciente não consegue mudar o que está programado, de imediato. É justamente aí que se trava a grande batalha... Ninguém se modifica sem empreender 'esforço de verdade' para mudar. Não bastam apenas alguns dias de treinamento. "Trata-se de um processo complexo, visto que a estrutura mental formada mediante muitas experiências se sedi-

---

123 KARDEC, Allan, *Obras Póstumas – Minha primeira iniciação no espiritismo.*

menta, de tal sorte que criamos o nosso próprio 'código de conduta'. Denominado esse código de "leis internas", construído paulatinamente, pela influência de vários fatores: família, classes sociais, visão pessoal de mundo, pelos mecanismos de compensação que utilizamos, e, em especial, pelas religiões". [124]

Assim o "pensar positivo" – que é da *mente consciente* – não transforma você, *automaticamente*, numa outra pessoa. Exige-se muito mais: força de vontade, persistência, fé no trabalho de convencer a *mente inconsciente* de que, aquilo que está gravado, há muito tempo, precisa mudar... Precisamos usar de técnicas mais convincentes e científicas para *reprogramar* o que foi neurologicamente catalogado nos arquivos mentais, depois de muitos exercícios. Quando da construção de minha casa, foi instalado no banheiro uma tomada para o barbeador. Posteriormente, depois de muitos anos, o eletricista trocou esta tomada de lugar. Ainda hoje, vejo-me, por força do hábito, procurando ligar o aparelho naquela tomada que não existe mais. Por que isto? O inconsciente para facilitar o aprendido, gravou no arquivo mental aquele local. Pois bem, para mudar este hábito, não será da 'noite para o dia'. É fruto de tempo... Quando se trata de habilidades de processamento neurológico, a mente subconsciente é milhões de vezes mais forte que a mente consciente. Se a mente consciente entra em conflito com o que está programado no subconsciente, quem você pensa que tem mais força?

Você pode repetir centenas de vezes afirmações positivas do tipo "as pessoas me amam", "irei me curar do câncer", "sou inteligente", "mereço ser vencedor", "sou útil a todos", "nasci para ser vencedor", "sou forte..." No entanto, se aprendeu desde criança, pela boca dos pais, que, "não pode ser amado", "que tem saúde frágil", "que é idiota", "não merece ganhar as coisas", "não serve para nada", "não devia ter nascido" "é um fraco", "isto não é para

---

124 Ver nosso livro *Prontidão para mudança*, Introdução.

você", entre outras sugestões mentais, essas mensagens programadas em sua mente subconsciente, vão fazer cair por terra todos os esforços para modificar sua vida, em 'curto prazo'. Daí porque, não apenas "alguns dias", de prática. Muitos pais transmitem esse tipo de mensagem aos filhos, sem ter consciência de que essas informações fixam-se na mente inconsciente, como "verdades", da mesma maneira como armazenamos dados num computador.

Dada a imaturidade da consciência, em fase de desenvolvimento, a criança não sabe distinguir que as informações ditas pelos pais não são verdades, e que foram pronunciadas apenas em momentos de raiva. Mas, no subconsciente, elas transformam-se em 'verdades', que inconscientemente moldam o comportamento da criança para o resto da vida, se não houver uma reprogramação. Relacione você mesmo, quantas inverdades estão gravadas em sua mente inconsciente, e que, ainda hoje lhe 'bloqueiam' a ação. Veja, então, a responsabilidade dos pais, quanto às palavras mal pensadas, transmitidas aos filhos, ainda em fase de formação. Mesmo que os filhos errem, devemos usar sempre construções positivas, incentivando-os a desenvolverem seus potenciais, pois, os comportamentos básicos, crenças e atitudes dos pais se incorporam nas redes neurais do subconsciente, passando a se constituir em "leis" de nosso código interno. O alerta aqui é extensivo aos professores, quando usam dos mesmos artifícios negativos, marcando a conduta da criança. Você já não teve professores que marcaram sua vida pela insensatez das palavras proferidas?

É o que ocorre, já na vida adulta. Agimos, às vezes, de forma errada, mas nos recusamos a mudar porque a "lei interna", inconscientemente, "fala mais alto', impulsionando-nos a agir desta ou daquela maneira, controlando nosso comportamento para a vida toda. Veja a força do complexo de inferioridade que exige muita luta para expeli-los de nosso comportamento. Há uma força maior (leis internas) que diz o que temos de fazer, sem mesmo sabermos por quê. Todo este regramento comportamental está inconscientemente gravado na mente. É por isso que tomar atitudes de "pensar positivamente", não traz mudança, de forma incontinenti, levando as pessoas, muitas vezes, a pensar que elas são infrutíferas. Ora, pensar positivamente faz bem para saúde! A mudança virá, no tempo devido, desde que persistamos. O evangelista Lucas registra dois momentos em que Jesus, ensinando sobre oração, utilizou metaforicamente, de duas parábolas: a do "Juiz iníquo" (Lc. 18:1 e ss.) e a do "Amigo inoportuno", (Lc. 11:5), mostrando-nos que devemos persistir naquilo que é alvo de nosso desejo.[125]

Concordo com o rabino e filósofo inglês Jonathan Sacks, quando afirma que "quem ora, mesmo sem acreditar, se conecta com Deus como um aparelho digital plugado na rede".[126] Da mesma forma, quando Jesus, no mesmo texto acima, usa a expressão: *Orar dia e noite*. No entanto, esse *orar dia e noite* tem sentido alegórico, sugerindo que tenhamos perseverança, não mudando o foco de nossos desejos, pois só quem persevera até o fim (do objetivo) consegue êxito; com o tempo, cria-se na alma um ambiente de receptividade. Vale dizer: de tanto repetir, essa voz de comando faz com que nossa mente mude de atitude, criando espaço, ou seja, a 'receptividade' para que a "água da vida" flua pelo nosso canal mental, e somos atendidos, na proporção de nossas mudanças comportamentais. Para se ter uma ideia clara sobre o assunto, relacione todas as promessas que você, geralmente a cada passagem de ano, já fez, com o objetivo de mudar certos hábitos ruins, adquiridos em sua existência. Esse ano eu vou mudar... É provável que muitos hábitos já tenham sido eliminados, mas outros, bem..., os outros, ainda estão "vivos", prontos para falar mais alto do que os desejos de mudança!

Parece que estamos desencorajando você, à prática do 'pensar positivamente'. Mas não. Muito pelo contrário. O que queremos é

---

125 Ler cap. 16, de nosso livro, *A oração pode mudar sua vida*.
126 Entrevista com Jonathan Sacks nas páginas amarelas da revista *Veja*, edição 2356, de 15 de janeiro de 2014, sob o título "A conexão *bluetooth* com Deus".

alertar aos "apressados" que mudança exige um forte 'querer' da alma. Estar "pronto", psicologicamente, é alcançar, por experiência própria, o estado de prontidão. Se você quer, você alcança! Atente-se que as casas de recuperação, sob esta ótica de entendimento, só têm aceitado a matrícula dos dependentes químicos, quando estes 'querem', ou estão 'conscientes' de que precisam mudar. Caso contrário, se forem decisões dos familiares e amigos, passados alguns dias, fogem das instituições e retornam aos velhos hábitos, que continuam a dominar-lhes a conduta. Mudar é encarar o novo, com coragem, encontrando novos caminhos, novas soluções. Acomodar-se é permanecer como está, sem forças ainda para a transformação. O processo de aprendizagem leva-nos a mudanças constantes. O espiritismo, tendo como ponto nevrálgico a evolução contínua, em existências múltiplas, conduz-nos à ideia de "progresso" permanente. O objetivo da vida, para o espírito, é a plena felicidade, embora sempre relativa. Há um dinamismo contínuo, uma reciclagem permanente, apontando sempre para um horizonte melhor.

Saiba, portanto, que sempre existe esperança para quem já tentou pensar positivo e não obteve os resultados que desejava. Afinal, não existe outro caminho para evoluir, senão buscar com seus próprios esforços, a transformação. Aprender é ato personalíssimo. Como sugestão encorajadora para você que já tentou e não conseguiu "pensar positivamente", trazemos à reflexão, o pensamento de Paulo, escrevendo a Timóteo (1 Tm. 4:7), externando o quanto sofrera para a sua transformação: "Combati o bom combate, acabei a carreira e guardei a fé". Ou ainda, a título de exemplo, destacamos algumas inibições no campo da cegueira, surdez e mudez, por espíritos cônscios da importância da participação no movimento da vida. Apesar de suas limitações, em certos órgãos do corpo, se notabilizaram por desenvolver outros talentos do potencial divino, que ainda aguardavam ser exercitados.

Nesta linha de pensamento, citamos alguns casos, como o de

Hellen Keller: nasceu como uma criança normal, antes de 1 ano, teve uma febre muito forte que a deixou cega e surda. Sem ouvir, consequentemente, não aprendeu a falar, no entanto, por meio de sua preceptora, consagrou-se como escritora e conferencista, de renome internacional; "Braille, que se utilizou do limite da cegueira para criar o alfabeto que permite aos invidentes a comunicação; Pasteur, sofrendo tuberculose e laborando em favor da saúde na caça contínua à vida bacteriana; como Beethoven, surdo, compondo a *Nona sinfonia*".[127] Entre nós, "Jerônimo Mendonça, tetraplégico e cego, viajou pelo Brasil afora, em cama adaptada, proferindo palestras, cantando, consolando e orientando centenas de pessoas". [128]

Diante do todo exposto, conscientizemo-nos de que aprender é trabalho de persistência. Evoluir num *continuum* infinito é objetivo do princípio inteligente. Quem decide modificar os comportamentos já adquiridos, os hábitos que se transformaram em código de conduta, somos nós mesmos. Ninguém pode fazer isto por nós... A capacidade da mente consciente de sobrepor-se aos comportamentos programados da mente inconsciente é o que nos permite ter livre-arbítrio. Muitos comportamentos inadequados que hoje descobrimos em nossa conduta, são frutos de "crenças". Por isto, podemos, a qualquer momento, dependendo do estado de "prontidão", modificar determinadas reações gravadas em nosso "código de leis", estatuído ao longo da vida. Então, que as "falsas" aprendizagens – que gravamos, fruto dos costumes sociais, tidas como "verdade" – possam, por esforço e força de vontade, ser modificadas. Devemos cultivar o desenvolvimento do hábito da 'perseverança' para conseguirmos alcançar os objetivos, pois, a perseverança é base da vitória! Pensamentos positivos devem se constituir um estilo de vida. "Só aquele que perseverar até o fim vence", afirmou Jesus.

---

127 FRANCO, Divaldo Pereira, pelo espírito Joanna de Ângelis. *Entrega-te a Deus*.
128 Ler nosso livro *Há solução, sim*! Cap. 8 – texto *A aflição desperta*.

Treine, treine muito pensar positivo, porque muitas coisas se modificarão em sua vida, paulatinamente. Tudo é possível, neste mundo, desde que sua mente queira. Por ela, você é capaz de conseguir conquistas extraordinárias, que, aos olhos do leigo, são tidas como verdadeiros milagres. Vale a pena exercitar. Sei que a mente inconsciente nem sempre aceita 'de pronto' modificar leis que foram gravadas como verdadeiras, por muito tempo. Se, porém, persistirmos, chegaremos ao objetivo almejado. É aquela do refrão popular: "água mole em pedra dura, tanto bate até que fura"... Você já ouviu falar no efeito placebo? A mente humana quando aceita, ainda que não seja verdade, a ingestão de determinados medicamentos influencia o corpo. Quando a mente se modifica, o corpo acompanha as mudanças.

Por isso, não desista. Continue a pensar positivo que, no momento adequado, os resultados virão. Mas tome cuidado de não se influenciar pelos pensamentos negativos. Assim como o pensamento positivo pode tirar alguém da depressão, curar um problema físico, a mente que emite sugestões negativas pode afetar a saúde. "Um corpo crescente de pesquisa sugere que fatores psicológicos, sobretudo emoções negativas – estresse, ansiedade, depressão, fadiga, raiva, hostilidade –, podem afetar de modo adverso os sistemas fisiológicos, a susceptibilidade a doenças e os resultados médicos". [129]

Quando o paciente acredita, pela palavra de seu médico, que "terá apenas tal tempo de vida", é muito provável que não viva mais que isso. A mente negativa de que tal fato vai acontecer, acaba influenciando todo o organismo. Muitos casos de nocebos (pensamentos negativos) mostram que nossos médicos, pais e professores podem diminuir ou mesmo eliminar nossas esperanças, programando-nos para acreditar que não temos capacidade ou força para reagir. Crenças positivas e negativas têm impacto, não

---

129 KOENIG, Harold Gerald, *Medicina, religião e saúde*.

apenas sobre nossa saúde, mas também sobre outros aspectos de nossa vida.[130] "Você pode escolher viver com medo ou com amor. Aprender a mudar a mente para crescer e para se desenvolver: é o segredo da vida. Mestres como Buda e Jesus já diziam isso séculos atrás. Agora a ciência está caminhando na mesma direção. Não são nossos genes, mas sim nossas crenças que controlam a nossa vida... oh, homens de pouca fé!". [131]

Pensamentos positivos são a base de uma vida feliz e saudável. Mahatma Gandhi assim se expressou:

> Suas crenças se tornam seus pensamentos.
> Seus pensamentos se tornam suas palavras.
> Suas palavras se tornam suas ações.
> Suas ações se tornam seus hábitos.
> Seus hábitos se tornam seus valores.
> Seus valores se tornam o seu destino.

---

130 Ler nosso livro *O poder da fé*, lição 25, texto: Nossos sonhos.
131 LIPTON, Bruce H., *A biologia da crença*.

15

EFEITOS DA RELIGIÃO SOBRE A SAÚDE

No seu aspecto religioso, a fé é a crença nos dogmas particulares que constituem as diferentes religiões, e todas as religiões têm seus artigos de fé.
ESE, cap. XIX, item 6

EMBORA A FÉ seja imanente a todos os seres, independentemente de credo religioso a que se vinculam, não resta menor dúvida de que ela tem, na religião, um poderoso fator de despertamento. Ninguém pode prescindir do auxílio externo no processo de desenvolvimento de seus potenciais. Assim, os pais, os amigos, os educadores, os orientadores religiosos, entre outros, são peças fundamentais que nos ajudam no processo educativo. Afinal, a educação tem por objetivo auxiliar o ser no pleno desenvolvimento de seus potenciais. Utilizando-se de uma expressão de Sócrates, a "parturição das ideias", ou seja, suscitar o que cada um tem dentro de si, em potência. Educar é amparar o aprendiz no desabrochar de suas predisposições inatas.

É inquestionável que, quando bem conduzidas, as religiões se constituem em escolas de formação moral, propiciando ao homem o encontro com Deus e, por consequência, consigo mesmo – pois Ele está dentro de nós. Cada um é, assim, responsável pelo desenvolvimento de seus valores maiores, defrontando em todos os momentos da vida, com a própria avaliação e, a consequente transformação, mediante os princípios da lei de causa e efeito. O julgamento (ou avaliação), embora se pense que é feito por um Deus externo, no futuro – num imaginário céu – transcorre de maneira natural, internamente, em nível de consciência, em que estão as Leis do Universo. É assim o terreno da fé na formação do homem. Sabe-se que a pessoa que pratica uma religião, e, neste caso, seja a *fé raciocinada*, seja ainda, *dogmática*, é mais confiante na superação dos problemas. Enfrenta as adversidades com mais coragem e resignação; não titubeia e segue em frente até a conquista do alvo.

É comum ouvirmos entre os devotos, desta ou daquela crença, afirmações de que a sua religião é a *verdadeira*, cada qual, obviamente, defendendo sua fé. Ora, quando se fala em religião *verdadeira*, crê-se que ela tenha vindo dos céus, ao som de trombetas e seja governada, sobrenaturalmente, por profetas e seres celestiais. Sobre essa ótica, é bom que se esclareça que nenhuma religião é verdadeira, no sentido de que ela tenha sido criada por Deus. Religião é coisa do homem. Numa determinada época alguém, possuidor de visões, acredita que é enviado de Deus e começa sua peregrinação na busca de seguidores. Dentro de pouco tempo, dependendo da atuação do líder religioso, acionam-se técnicas avançadas de *marketing* e começa a venda de um dos produtos mais antigos do mundo: a crença religiosa. Sim, a religião no Brasil e em muitos lugares passou a ser considerada, sem maiores escrúpulos, um promissor negócio. Mas apesar de tudo, ela é mecanismo importante para a criatura.

Assim, não nos iludamos, a **fé religiosa é** importante no enfrentamento das doenças. Pesquisas científicas demonstram que nenhuma religião é melhor do que a outra. Herbert Benson, professor da Universidade de Medicina da Harvard, nos Estados Unidos, estudou pessoas no ato de elevar uma prece ou de repetir fórmulas rituais de diferentes sistemas religiosos como o cristão, o islâmico, o budista, o taoísta e o confucionista, entre outros, e verificou que em todos os casos aconteciam as mesmas alterações fisiológicas. Conclusão: não importa qual seja a 'fé religiosa', o simples exercício espiritual de elevar a consciência a planos superiores, através da prece ou da meditação, representa benefício para a saúde. A poetisa paulistana Maria José de Carvalho, até falecer, se declarava pagã e ateia, rebelando-se contra toda religião institucionalizada. Apesar disso, dizia ela que, todas as noites, antes de dormir, orava para as "Forças Superiores", nas quais depositava fé total, e atribuía a esses diálogos meditativos a sua boa saúde e a solução da maior parte dos seus problemas. A poetisa era a prova viva de que uma pessoa 'espiritualizada' não precisa ser, necessariamente, 'religiosa'. Deus, ou o princípio superior ao qual damos esse nome, existe no mais profundo de cada um de nós, e é lá que podemos encontrá-Lo através da oração ou da postura meditativa.

Aquilo que cultivamos na mente é o que será, no devido tempo, a nossa vida. Assim, a crença religiosa que fizer parte de nossa fé, constituir-se-á no 'código moral de conduta', aceito por todos os membros da comunidade que a ele aderem. É o que afirma Kardec: "é a crença nos dogmas particulares que constitui as diferentes religiões". A religião é, portanto, um sistema de crenças e práticas aceitas por um determinado grupo, apoiado por rituais que reconhecem, idolatram, comunicam-se ou aproximam-se do Sagrado, do Divino, de Deus; nas culturas dualistas ocidentais (Deus único, todo-poderoso separado de nós, em algum lugar no Paraíso) ou, da Verdade Absoluta, da Realidade, da Consciência Pura ou do Nirvana, para as culturas orientais. No primeiro caso, estão as religiões abraâmicas (judaísmo, cristianismo e islamismo) e, no segundo, budismo, xintoísmo, hinduísmo, taoísmo, confucionismo, entre outras.

Estudos científicos têm provado que a fé religiosa, de um modo geral, constitui fator de cura, pois, faz com que as criaturas, quase sempre, ajam com mais serenidade e confiança, ajudando a medicina no processo de tratamento de eventuais doenças, de que sejam portadoras. "A maioria dos médicos (mais de 90%) reconhece que fatores espirituais são um componente importante de saúde, e uma grande parte (70 a 82%) diz que isso pode influenciar a saúde do paciente. Além disso, 85% dos médicos dizem que deveriam estar cientes das crenças religiosas/espirituais dos pacientes".[132] Com respeito à importância de o médico tomar ciência da crença do paciente, isto já vem ocorrendo em alguns hospitais do Brasil – Santa Casa de Misericórdia de Porto Alegre e no hospital Albert Einstein em São Paulo – influenciados pelas experiências do Dr. Harold Koenig. [133]

Ademais, quando se acredita naquilo que se está dizendo em prece ou que o pedido é verdadeiro, ou seja, que vai acontecer, a fé já se faz presente, pois esta é a ponte que liga o pedido ao recebimento. Não devemos colocar nenhum obstáculo à nossa fé. "Existe um poder vital dentro de cada um, que é capaz de restabelecer a ordem e a vida das células de forma imediata, se for necessário. O mecanismo proposto pela religião é a de um comportamento de enfrentamento que reduz o estresse psicológico e social e, com isso, melhora a função imunológica, que, por sua vez, afeta o estado de saúde".[134]

A pessoa que desenvolveu a fé, mesmo que seja do *tamanho do*

---

132 KOENIG, Harold G. *Medicina, religião e saúde.*
133 "Como você professa a sua fé?", pergunta o médico Paulo de Tarso Lima a seus pacientes na primeira consulta. Conversar sobre isso virou rotina no setor de oncologia num dos mais conceituados hospitais do Brasil, o Albert Einstein, onde Lima é o coordenador do Serviço de Medicina Integrativa. Se o doente vai à missa, ele anota na receita: aumentar a frequência aos cultos. Se deseja a visita de um padre, de um pastor, de um orientador espírita, manda chamá-los. Se quiser meditar, professores de ioga são convocados. No hospital, a fé é uma das armas no tratamento de doenças. (Revista *Superinteressante*, edição 325, de novembro de 2013: Fé faz bem).
134 Idem, ibidem.

grão de mostarda – usando a expressão de Jesus – tem em si uma poderosa arma para debelar uma doença e restaurar a saúde. "Os cientistas descobriram que a religião dá ao paciente mais tranquilidade para expor seus problemas e serenidade para se entregarem a procedimentos cirúrgicos", diz o cardiologista Roque Marcos Savioli. Dessa forma, de acordo com estudos realizados até agora, é que o maior envolvimento religioso está relacionado à melhor saúde, sendo que a pesquisa é mais forte para a saúde mental e menos sólida para a saúde física. Tendo, porém, que a mente influencia o corpo, muitas curas têm sido verificadas em pessoas de profunda fé, sejam religiosas ou não.

Perfilhamos com o pensamento de Eugênio Lara, sobre o sentido religioso no homem, quando expõe: "Essa busca do *divino*, do *transcendente*, natural no ser humano, é um fato **instintivo**. Assim como o instinto de conservação, o de reprodução, o princípio inteligente tem em sua estrutura, no seu âmago, o que o espiritismo denomina de **lei (instinto) de adoração.** Ou seja, a religião não é tão somente um fato cultural, ela se origina dessa necessidade básica, instintiva do ser humano em buscar o sagrado, a transcendência, que muitos denominam de *religiosidade* ou *espiritualidade*, termo este mais adequado e menos comprometido. A religião não surge somente do medo, como diz Bertrand Russel, mas fundamentalmente desse sentimento íntimo, instintivo, cravado na consciência de todos nós".[135]

Nos EUA, a maioria dos cursos de medicina possui, na grade curricular, disciplinas que discutem *doença, fé, cura* e *espiritualidade*. Pesquisas constataram que a crença religiosa pode influir na saúde do homem. Harold Koenig, Diretor do Centro para Estudo da Religião, Espiritualidade e Saúde da Universidade de Duke, nos Estados Unidos, é o maior especialista no campo da espiritua-

---

135 LARA, Eugênio, Fundador e editor do *site* Pense – Pensamento Social Espírita, www.viasantos.com/pense.

lidade e sua influência sobre a saúde, com mais de 40 livros publicados. Suas contribuições demonstram cada vez mais o encontro da ciência e espiritualidade. Koenig esteve recentemente no Brasil, participando do Seminário Internacional de Medicina e Espiritualidade e do V Congresso Nacional da Associação Médico-Espírita do Brasil (MEDNESP), cujo tema foi a "Espiritualidade no cuidado com o paciente".

Hipócrates, lá na Grécia, traz o conselho: "O dever do médico é curar às vezes, mas *consolar* sempre". Quem imaginaria que no limiar do século XXI, o ato de *consolar* se revelasse também um mecanismo de cura, uma ferramenta de combate à doença? O Dr. Koenig dedica-se a elaborar as diferenças entre **espiritualidade**, "que é a relação pessoal com o transcendental", com divino, e **religião**, que são aspectos formais, rituais, comunitários e institucionais da espiritualidade. É um bom começo. Porém, o campo de estudo é vasto. Quem hoje descrê da influência da espiritualidade sobre o estado de ânimo do paciente está em pequena minoria. Neste livro, *Medicina, religião e saúde*, recentemente lançado no Brasil, o Dr. Koenig dedica-se a levantar a cortina sobre o encontro da ciência com a espiritualidade. "Mais de mil estudos recentes examinam quantitativamente as relações entre a religião, espiritualidade e saúde, muitos deles relatando descobertas positivas". São palavras do próprio doutor, que é seguramente a maior autoridade mundial nesse ramo da ciência.[136]

Para Harold Koenig, as pesquisas são claras ao relacionar as diversas formas de religiosidade com a prevenção de doenças cardiovasculares e da hipertensão. Sua tese é que a fé religiosa ajuda as pessoas em diversos aspectos da vida cotidiana, reduzindo o *stress*, fazendo-as adquirir hábitos saudáveis e dando-lhes conforto nos

---

136 Comentários na contracapa do livro do Dr. Koenig, *Medicina, religião e saúde*, pelo Dr. Fernando Lucchese: cirurgião cardiovascular, diretor do Hospital São Francisco de Cardiologia da Santa Casa de Porto Alegre e autor do best-seller *Pílulas para viver melhor*.

momentos difíceis, entre outros benefícios. Ainda destaca a relação significativa entre frequência da prática religiosa e longevidade, afirmando que o impacto na sobrevida das pessoas chega em torno de 35%. Segundo ele, três fatores influenciam a saúde de quem pratica uma religião:

- O primeiro são as crenças e o significado que essas crenças atribuem à vida. Elas orientam as decisões diárias e até as facilitam, o que contribui para reduzir o stress.
- O segundo fator está relacionado ao apoio social. As pessoas devotadas convivem em comunidades com indivíduos que acreditam nas mesmas coisas e oferecem suporte emocional e, às vezes, até financeiro.
- O terceiro fator é o impacto que a religião tem na adoção de hábitos saudáveis. Tanto os mandamentos religiosos quanto a vida em comunidade estimulam a boa saúde. Os religiosos tendem a ingerir menos álcool, porque circulam em um meio onde ele é mais escasso e com pessoas que bebem menos. Eles também têm inclinação a não fumar. É menos provável que adotem um comportamento sexual de risco, tendo múltiplos parceiros ou parceiros fora do casamento. Tudo isso influencia a saúde e faz com que vivam mais e sejam mais saudáveis.

Resumimos abaixo, alguns dados científicos interessantes que comprovam o efeito na mente daqueles que frequentam uma religião:[137]

---

137 Estas informações extraídas do livro *Medicina, religião e saúde* de Harold G. Koenig constam de nosso livro *O poder da fé.*

- Mais longevidade:

Frequência da religião	Expectativa de vida
Nunca	75 anos
Menos de uma vez por semana	80 anos
Uma vez por semana	82 anos
Mais de uma vez por semana	83 anos

Fonte: Pesquisa feita pela Universidade do Colorado (EUA), entre 1987 e 1995, com 28 mil pessoas.

Mudança de hábitos	Probabilidades de ocorrência
Fica menos deprimido	31%
Para de fumar	78%
Pratica mais exercício	54%
Para de beber	39%

Fonte: Pesquisa feita pela Universidade da Califórnia, entre 1965 e 1994, com aproximadamente 2.600 pessoas.

Números da fé

Conflito religioso e mortalidade

Um estudo com 595 pacientes com mais de 55 anos mostrou que aqueles que acreditavam que Deus estava punindo-os, abandonando-os ou que não tinha poder para ajudá-los, tiveram percentual de mortalidade de 19% a 28% maior do que os que estavam em paz com sua crença. A conclusão da pesquisa, feita pela Universidade Duke, é que pessoas em conflito religioso com a doença têm maior risco de morte.

Efeitos da fé no sistema imunológico

Entre as inúmeras pesquisas que já realizou a que mais surpreendeu foi a que abordou o efeito da fé sobre o sistema imunológico. Entre 1986 e 1992, foram colhidas 4.000 amostras sanguíneas de pessoas com mais de 65 anos que frequentavam regularmente a igreja ou não tinham hábitos religiosos. O objeto de estudo foi a *interleucina-6*, proteína do sangue que indica o estado do sistema imunológico. O nível de proteína foi maior entre os fiéis, "o que quer dizer melhor sistema imunológico".

Aumento da autoestima infantil

Estudo nacional realizado pela Universidade Estadual de Louisiana (publicado pela Associação Psicológica Americana), com 1.261 crianças, constatou que as que participavam de atividade religiosa tinham maior autoestima do que as não participantes.

Combate à hipertensão

Pesquisadores da Universidade Duke analisaram, ao longo de oito anos, os hábitos religiosos e a pressão arterial de 4.000 pessoas com mais de 65 anos. No grupo das pessoas que rezavam diariamente e frequentavam cultos pelo menos uma vez por semana, o número de indivíduos com níveis perigosos de pressão foi 40% inferior ao registrado no grupo que praticava hábitos religiosos com menor frequência.

Prece a distância e AIDS

Em 1995, 20 soropositivos foram divididos em dois grupos, no Centro Médico de São Francisco. Preces de diferentes crenças foram feitas para apenas um grupo, sem que soubessem qual estava sendo alvo das orações. Após seis meses, 40% dos que não receberam as preces haviam morrido, no outro grupo, nenhum morrera.

Benefícios em qualquer idade

Quem se torna religioso numa idade mais madura também se beneficia, especialmente dos aspectos psicológicos e sociais. A vida passa a ter mais sentido, a pessoa ganha apoio da comunidade, esperança e interlocutores afinados com o seu jeito de ver o mundo. A consequência é a melhora da qualidade de vida. A saúde física, no entanto, não será tão influenciada porque não dá para apagar os anos de maus hábitos e os estragos feitos pelo excesso de *stress*.

Diante destas pesquisas científicas, e de tantas outras, que vêm sendo realizadas em vários países, inclusive no Brasil,[138] podemos ratificar o que temos abordado, até aqui: a fé, como força interior, presente em todos os seres, pode ser ativada por meio de vários mecanismos. Um deles é a religião, talvez um dos mais poderosos fatores de despertamento. Vale repetir com Felipe Paracelsus (médico) que, no entanto: "Quer o objeto de sua fé seja verdadeiro ou falso, os efeitos obtidos serão os mesmos". Explicando esta afirmação: Assim, se você tiver fé em objetos, como: estátua, medalha, pé de coelho, templo religioso, rio considerado sagrado, algum santo (se for católico), dia santificado, entre outros, estes se transformam em "catalisadores"[139] de sua fé, pouco importando se esses 'objetos de fé' sejam falsos ou verdadeiros. Diz Paracelsus: "Os efeitos serão os mesmos".

Não são, portanto, o objeto, a religião, a imagem que produzem os resultados; é a fé que você tem de que esse objeto, essa religião, essa frase, essa oração ou essa imagem produzam o resultado, que fará com que aconteça. A explicação é calcada no que vimos até aqui expondo: a mente subconsciente acata o que a mente conscien-

---

138 Instituto de Pesquisas, em São Paulo, comandado pelo psiquiatra Sérgio Felipe de Oliveira.
139 Diz-se de alguém ou algo que, com a simples presença, mesmo sem ação direta, estimula mudanças ou acelera um processo.

te manda para triagem em nosso interior. A fé é uma força irresistível imanente em você; lembre-se de que acreditar é aceitar aquilo que você pensa "como verdadeiro", quer ele seja, de fato, verdadeiro, quer **não**. Quando você manda uma ideia, na qual acredita, para o seu subconsciente, este trata de cumprir. Então a fé (neste caso, funciona como pensamento positivo) funciona como um "protocolo" de intenção, que, com o tempo, se solidifica. Ela depende da própria criatura.

Atente-se que, em todos os tempos e lugares do mundo, sempre se registrou a ocorrência de "cura pela fé". Não se trata de milagres, mas de fatos naturais, independentemente de locais considerados sagrados, lideranças espirituais ou de crença religiosa. O budista, o cristão, o muçulmano, o judeu, todos podem obter respostas às suas orações, não por causa do credo em particular, da religião, proselitismo ritual, cerimônia, fórmula, liturgia, encantamento, sacrifícios ou oferendas, mas unicamente por causa da fé ou da aceitação e receptividade mental daquilo que rezam. Segundo Murphy: "Só existe um princípio universal de cura: A mente subconsciente; e um só processo de cura: a fé ou a convicção". [140]

Enquanto não se atinge aquela "fé inabalável que pode encarar a razão face a face, em todas as épocas da Humanidade", no dizer de Kardec, objetivo maior de todos os seres até a condição de "espíritos puros" (ainda assim, pureza relativa), a Lei do Universo está sempre disponível para o que "plantamos" em pensamento, em qualquer fase de maturidade espiritual, mesmo que estejamos "engatinhando" em termos de fé, pois, Ele "não leva em conta os nossos tempos de ignorância". "Ele" (sentido figurado) aqui é o Universo (plasma divino) com suas leis eternas e imutáveis. Ademais, lembremo-nos da afirmação de Jesus: "Seja feito de acordo com a tua fé".

---

140 Ver nosso livro: *O poder da fé.*

Referindo-se, nesta conclusão, à força da religião em nossas vidas, afirmamos com o Dr. Harold Koenig: "religião e espiritualidade podem, de fato, afetar a saúde de uma forma detectável pela ciência. Em outras palavras, é possível demonstrar que os aspectos psicológicos, sociais e religiosos da vida humana podem afetar o corpo físico".

16

KARDEC E A FÓRMULA-PADRÃO DE ORAÇÃO

O fundamental na oração não é a forma, mas o pensamento.

COMO O CODIFICADOR da doutrina espírita interpreta o conceito de oração pré-elaborada? No final de *O Evangelho segundo o Espiritismo*, capítulo 28, expõe Kardec ao leitor, alguns comentários sobre a utilização de orações pré-fabricadas, em sua *Coletânea de preces espíritas*. Suas considerações valem como ancoragem ao que propomos, como objetivo deste livro, no sentido de que, cada um possa elaborar a sua própria oração.

A forma nada vale, o pensamento é tudo.
Atente-se para a expressão a "forma nada vale". No dizer dos espíritos, não se deve prender-se ao *formalismo* da prece, prescrito por esta ou aquela religião, por este ou aquele líder espiritual, pois, o que vale mesmo é o *sentimento*. O fundamental na oração não é a *forma*, mas o *pensamento*. Devemos, sim, orar com sinceridade, expressando "o molde" de nossas convicções e aguardar a resposta do Universo. De que vale repetir infinitas vezes uma oração que não seja a expressão dos nossos próprios sentimentos?

É este também o entendimento de Suely Caldas Schubert[141], ao dizer que "Orar é quando conversamos com Deus, é a conexão com a Mente Divina. Claro que pessoas existem que só oram de uma forma decorada, sem pensar, sem pôr sentimento. O importante é que a oração seja um 'grito da alma', seja um sentimento que está sendo exteriorizado, naquele instante". Emmanuel leciona que: "Minerais, vegetais, animais e almas humanas estão pedindo habitualmente, e a Providência Divina, através da Natureza, vive sempre respondendo". [142] O que o luminar espírito quer nos esclarecer é que as Leis do Universo estão sempre 'disponíveis', prontas a responder de conformidade com os 'pedidos'.

Os espíritos jamais prescreveram qualquer fórmula absoluta de preces.

O ideal é não nos algemarmos às *fórmulas* ou *modelos* de oração, pois elas são expressões de pensamentos alheios, não nossos. Não nos esqueçamos de que "somos o que pensamos". Portanto, construímos, pelo pensamento, a vida que almejamos. Quando registramos no Universo uma oração que não seja expressão autêntica do sentimento, estamos, na realidade, "cadastrando" uma petição de terceiros. Na verdade, com esta atitude, estamos "copiando" o sentimento dos outros, e querendo que eles levem ao mesmo resultado. É o mesmo sentido, nas devidas proporções, de nos medicarmos com remédios que foram prescritos para outrem. Nem sempre o que serve para um, é bom para o outro.

Por que, então, Kardec apresentou "modelos" de preces?

Afirma ele que, quando os espíritos transmitem alguns modelos, têm objetivos específicos de:

---

141 Suely Caldas Schubert – Programa Transição, nº 89, no www.youtube.com.br.
142 XAVIER, Francisco Cândido/Emmanuel. *Fonte viva*, lição 150.

1. Fixar ideias na mente, daquilo que se pretende que se materialize.

Sabe-se que a repetição, do ponto de vista pedagógico, ajuda na fixação daquilo que é objeto de aprendizagem. Já dissemos que, quanto mais se repete um ato, mais ele tende a se fixar na rede neural, formando conexões nervosas. Tem-se aí a aprendizagem. Uma vez fixada a aprendizagem, ela se transforma em hábito, que passa a responder automaticamente aos estímulos externos, da mesma natureza.

Jesus também usou desse artifício para ensinar a ideia de 'repetição'. Aproveitou da expressão "orar dia e noite", para ensinar a importância da 'repetição' até alcançar os objetivos. Isto seria um absurdo se não fosse o sentido alegórico do ensinamento. Nas parábolas do *Juiz iníquo* e na do *Amigo importuno*, também enfatizou a necessidade de insistência (repetição), sem esmorecer, para que ocorra a conexão mental. Tudo depende da insistência de fixação naquilo que criamos.

Então, essa ideia de fixar ideias na mente, nada mais é, do que uma técnica de *mentalização*. Um modelo de oração, uma vez repetido várias vezes, fixa de tal forma que o pronunciamos mecanicamente, sem pensar. Você mesmo, em várias ocasiões, não orou o "Pai Nosso" (modelo) e, em determinado momento, parou e percebeu que estava pronunciando palavras, sem qualquer sentimento? Fico a pensar, quando nos campos de futebol vejo os atletas darem as mãos e orarem em conjunto o Pai Nosso. Creem que, com este ato, estão sendo protegidos por Deus!!!

2. Destacar alguns pontos sobre certos princípios da doutrina espírita.

O sentido dado pelos espíritos, segundo o codificador, para o uso de orações pré-elaboradas, é para que elas expressem os princípios da doutrina espírita. Ora, quando outros sistemas de fé religiosa apresentam aos seus devotos, orações modeladas (escritas), têm o mesmo objetivo, que é a fixação de suas doutrinas.[143] Então, o sentido dado pelos espíritos, diz-nos Kardec que tem por objetivo "doutrinar", quer dizer, ensinar o espiritismo através da oração modelada. Uma oração modelo do catolicismo não serve para o espírita. Aliás, neste ponto, todas as expressões religiosas fazem o mesmo, porque seus princípios doutrinários são diferentes. A recíproca também é verdadeira. O espírita não utiliza o modelo da oração da Ave Maria, pois o seu conteúdo expressa a doutrina católica.

Da mesma forma, no catolicismo não se pronuncia a "Prece de Cáritas"[144], pois contraria seus princípios doutrinários. A coisa corre por aí. Daí, repetindo, nos atermos à forma simples ensinada por Jesus (Mateus, 6:6), quando nos ensinou: "Quando orares entra no teu aposento, e fechando a tua porta, ora a teu Pai em secreto, que está em secreto. E teu Pai, que vê secretamente, te recompensará". A linguagem é simbólica, mas ensina-nos, que não há necessidade de formalismo algum, para conversar (conectar) com Deus (Leis do Universo), basta, tão só o silêncio da alma. Entenda-se, todavia, que o sentido de "te recompensará" é o de "te responderá". A orientação é universal sem qualquer sentido doutrinário, pois a conexão é um ato pessoal, sem vínculo a qualquer religião estabelecida.

3. Auxiliar aqueles que sentem dificuldade de externar suas ideias.

É perfeitamente compreensível, e até recomendável, que a crian-

---

143 O termo 'doutrina' pode ser definido como o conjunto de princípios que servem de base a um sistema religioso, político, filosófico, militar, pedagógico, entre outros.
144 Ditada pela suave Cáritas, um espírito que se comunicava através de uma das grandes médiuns em Bordeaux, na França.

ça, nos primórdios de seus primeiros passos, seja auxiliada no despertamento dos seus valores espirituais. Não se trata de impor, mas de "suscitar" o que o espírito já traz na alma. O sentimento (instinto) de adoração é inato, sem que haja necessidade de ensino. Daí porque o termo exato não é "ensinar", mas o de "suscitar" os potenciais inerentes da alma. É este o sentido do método empregado por Sócrates na aprendizagem, com sua maiêutica (nome inspirado na profissão de sua mãe, que era parteira). Suscitar, parturir, dar à luz o que se tem latente em si. É comum a mãe (ou o pai) no desenvolvimento moral dos filhos ensinarem algumas orações, auxiliando-os no despertamento dos valores espirituais.

A fixação, após acionarmos repetidamente a rede neural, é tão forte que, mesmo depois de adulto, continua-se imaginando Deus, como uma figura antropomórfica. Afinal, é assim que aprendemos. Quando os espíritos disseram que "Deus é a inteligência suprema e causa primeira de todas as coisas",[145] não se conseguiu mudar a forma de pensar n'Ele; o modelo pensado continua sendo ainda o do Deus, tipo judaico-cristão: um ser pessoal, localizado em algum lugar do Paraíso, julgando os "seus filhos". Nem existe, no entanto, julgamento de uma divindade concedendo castigo ou perdão, pois todo ajuizamento transcorre em nível de consciência.

Segundo os espíritos, muitas pessoas, bem-intencionadas, continuam, por hábito, achando que a verdadeira oração tem que ser prescrita (passa a ter um sentido místico), que ela foi elaborada por Deus, por algum profeta. Chegam mesmo a desacreditar nas orações sem um roteiro escrito. Você já deve ter ouvido pessoas dizerem que costumam ler tal salmo, fazer tal oração, que são fortes... Sugerem a outras pessoas que façam o mesmo. No entanto, o resultado é sempre fruto do sentimento pessoal, da fé na concretização dos desejos. É algo que ocorre na intimidade do ser, sem interferência externa.

---

145 KARDEC, Allan, *O Livro dos Espíritos*, questão n.º 1.

Nesta ótica, as orações modeladas pelos espíritos não têm outro sentido, senão o de auxiliar as pessoas que têm dificuldades de alinhamento com as Leis do Universo. À medida que se atinge maior maturidade, não se precisa mais de padrões. Entende-se que a coisa é mais simples do que se pensava.

A coletânea de preces em *O Evangelho segundo o Espiritismo*

Sob esta ótica, os espíritos ditaram alguns modelos para serem adaptados nas diversas circunstâncias, com o intuito de auxiliar aqueles que têm dificuldade de formular, por escrito, os seus pensamentos. Poderiam ter criado outros, em termos diversos, apropriados a certas ideias ou a casos especiais; mas, insistem eles, **pouco importa a forma**, pois, o que vale **mesmo é o que se 'molda' no pensamento**. O objetivo da prece é o alinhamento com as Leis do Universo (expressões de Deus), pouco importando a forma, já que o que interessa é o que expressa a alma.

Assim, a coletânea de preces transmitida pelos espíritos não tem sentido de um formulário absoluto e único, mas um complemento, com o objetivo de aplicação dos princípios morais desenvolvidos em *O Evangelho segundo o Espiritismo*. Então, as preces elaboradas pelos espíritos, ou por qualquer outra pessoa, podem ser usadas, casos expressem o que você pensa; muitas delas podem receber "aditivos" ou "supressões", para que se adaptem às necessidades pessoais, porque o importante, na realidade, para a sintonia com as Leis do Universo é que, o que se protocola, seja expressão dos nossos sentimentos.

O espiritismo reconhece como boas, as preces de todos os cultos.

Descaracterizando a ideia de que as preces verdadeiras são aquelas 'modeladas', por este ou aquele sistema de fé, o espiritismo alerta que se "deve reconhecer como boas, todas as preces de todos os cultos". O que importa é que elas sejam ditas de coração e não de lábios somente. Nenhuma impõe, nem reprova. Deus, segundo ele, é sumamente grande para repelir a voz que lhe suplica ou lhe entoa louvores, porque o faz de um modo e não de outro. *Quem quer que lance anátema às preces que não estejam no seu formulário provará que desconhece a grandeza de Deus.* Para o Universo, pouco importa a religião a que você pertence. Insistimos que religião é coisa do homem. Crer que Deus se atenha a uma "fórmula" é emprestar-lhe a pequenez e as paixões da Humanidade. Diz o texto bíblico que Deus (através de lei natural) "Faz o sol nascer sobre maus e bons, e a chuva cair sobre justos e injustos".

As orações devem ser inteligíveis

Orar não é proferir palavras prolixas, difíceis, empoladas, pois a linguagem que a mente emite independe de riqueza de vocabulário. A condição essencial é que seja inteligível, a fim de que nos possa falar ao espírito. A linguagem da prece é a do coração. Veja a parábola do fariseu e do publicano, contada por Jesus, (Lc. 18:9). Os dois oravam no templo. O primeiro enaltecia suas qualidades, diminuindo os demais homens, enquanto o segundo, de cabeça baixa, em situação de humildade, sentindo-se devedor, clamava pela misericórdia de Deus. "Aquele que se exaltar será humilhado, e qualquer que a si mesmo se humilhar será exaltado". Para orar, é preciso apresentar-se no templo da alma, com pureza no coração.

A prece deve ser clara, simples e concisa, sem fraseologia inútil.

A qualidade da prece é manifestada pela simplicidade. Cada palavra deve ter alcance próprio, despertar uma ideia, pôr em vibração uma fibra da alma. Deve-se refletir cada palavra pronunciada com profunda emoção. Muita gente ora mecanicamente, apenas com os lábios, sem qualquer sentimento. Voltamos a insistir que o que importa não é a roupagem externa, mas os sentimentos que nos conduzem ao alinhamento vibracional com as Leis do Universo. Sugerimos que você analise em nosso livro *A oração pode mudar sua vida*, a reflexão que expendemos sobre a mais famosa oração-modelo, atribuída a Jesus: *O Pai Nosso*.[146]

A respeito de orar mecanicamente, sem expressar o sentimento que lhe vai na alma, e, orar com profunda emoção, mesmo diante de *uma oração modelo*, vale a pena refletir sobre a história abaixo:.

> Há uma antiga história de dois homens que foram convocados a recitar o Salmo 23, perante uma grande audiência. Um deles era um orador famoso e respeitado, especializado em dramatizações. Ele recitou o salmo de maneira comovente. Quando terminou, a plateia o aplaudiu de pé e pediu bis, para ouvirem novamente sua bela voz e apreciarem sua récita.
>
> Depois, o outro homem, que era bem mais velho, repetiu as mesmas palavras – "O Senhor é o meu pastor; nada me faltará...", Quando terminou, porém, nem um som se ouviu da audiência. Pelo contrário, todos ficaram assentados e quietos, num profundo estado de devoção e oração.
>
> Então o primeiro homem, o orador, levantou-se e disse: "Tenho uma confissão a fazer. A diferença entre o que vocês acabaram de ouvir de meu velho amigo e do que ouviram de mim é a seguinte: **eu conheço o Salmo, e meu amigo conhece o Pastor**". [147]

---

146 Ver nosso livro *A oração pode mudar sua vida*, 2.ª parte.
147 BUCKINGHAM, Jamie. *Força para viver*.

17

MATERIALIZAÇÃO DE NOSSAS ORAÇÕES

A mente humana tem primeiro que construir formas, independentemente, antes de encontrá-las nas coisas.
Albert Einstein

A PALAVRA ORAÇÃO pode ser entendida como **orar + ação**. São mentalizações (projetos) depositados no Universo, com intuito de que eles se materializem. Poderíamos comparar a sementes a repousar no íntimo de cada um, qual provisão preciosa, sob custódia exclusiva, autorizando a sua germinação...Não importa o teor do projeto depositado, pois, temos a faculdade de criar o que quisermos, seja bom, seja ruim. Nesta linha de raciocínio, podemos imaginar a *força do pensamento* de que somos dotados na criação de nossos desejos. E aqui entra em ação o poder da fé, potencial imanente em todos os seres. Para muitos, tendo por objeto a crença religiosa, o atendimento será por um poder externo: Deus, santos, espíritos protetores, anjos de guarda e, por aí afora. No entanto, a fé é uma construção pessoal, ao longo da existência. Podemos entendê-la como o exercício do 'pensar positivo', sem desviar o foco do desejo protocolado. Saliente-se, todavia, que, se você pensar negativo, a fé também funciona.

Entendamos que as Leis Naturais (também chamadas de Leis Divinas) não 'mudam' para atender casos particulares, de quem quer que seja. Então, pela lógica, o que a oração (ou a prece) pode proporcionar-nos, são o conforto e a esperança de que, se insistirmos em nossos objetivos, com o tempo, eles acabam acontecendo. Neste sentido, a prece pronunciada com fé se materializa, porque temos o poder de criar aquilo que pensamos. Não nos esqueçamos de que tudo começa na mente. Para Rohden, "somos criaturas criadoras". Herdamos de Deus a capacidade de criar, pois, cada um é criador de seu próprio destino. Além de alcançar a perfeição em grau cada vez mais elevado, fazemos parte da obra do Universo. Somos cocriadores. Emmanuel ensina que "O homem custa a crer na influenciação das ondas invisíveis do pensamento, contudo, o espaço que o cerca está cheio de sons que os seus ouvidos materiais não registram".[148]

Em se tratando de evolução, nada nos é doado. Tudo é conquista – fruto de exercício contínuo e persistente. Como estamos cientes de que, pelo pensamento, criamos, e de que a materialização dos desejos está vinculada à vontade, o ser viaja em busca de sua perfeição, construindo tudo, com a própria experiência, segundo o 'molde mental' que produz, submetendo-se, continuamente, à justiça dos princípios da lei de ação e reação. Procuremos exercitar, como regra de vida, a criação de pensamentos saudáveis, o que estará promovendo saúde e a própria felicidade.

A afirmação de Jesus, *a cada um segundo as suas obras*, coloca-nos a responsabilidade sobre todo projeto que lançamos, pelo pensamento, ao Universo. Este ensinamento também é conhecido como "lei de causa e feito", "lei do retorno", "lei da semeadura" e "lei de ação e reação". Quando desconhecemos que vivemos sob a égide da Lei do Universo, diante de dificuldades, nos colocamos na condição de "vítimas". "Esta situação me aconteceu, é injusto e eu não mere-

---

148 Xavier, Francisco Cândido/Emmanuel. *Pão nosso*, lição 17.

cia". Os corolários dessa atitude são: "Pobre de mim". O "Universo é injusto".. As causas de nossas desditas não estão fora, criadas por outras pessoas ou situações fora de nosso controle. Vemos essa condição como injustiça e nos entregamos à revolta, eliminando a possibilidade de aceitação de nossa responsabilidade.

Por essa lei, aprendemos a reconhecer a relação existente entre o que pensamos, falamos, fazemos e as consequências da ação deflagrada. Assim, para que tenhamos êxito em nossas orações, devemos *afirmar* e *visualizar*. Ora, o Universo trabalha para a concretização de tudo o que pensamos, seja criação de "quadros mentais" de carência, de negação, de frustração, de doença, seja criação daqueles que inspirem prosperidade, abundância, realização e saúde. Afinal, a cada um, sendo construtor de seu destino, será dado segundo suas obras. Neste entendimento, cada um recebe, como resultado da oração, exatamente o que *pensa*, e não o que *diz*. Se você ora pela *vitória* em determinada circunstância, mas *pensa* na *derrota*, suas palavras são pronunciadas em vão, porque o Universo atende o que você *pensa* e não o que *diz*, e, portanto, trabalhará a favor da derrota.

Você pode, no entanto, empreender a grande virada, aceitando que os acontecimentos que surgem na vida são criações sua, procurando descobrir o significado deles e trabalhando para a mudança. Quando consideramos a lei "a cada um é dado segundo suas obras", passamos a entender que as colheitas da vida – boas ou más –, têm como origem aquilo que semeamos. A Bíblia instiga: "O temor do Senhor é o princípio da sabedoria" (Sl. 111:10). Será mesmo? Ora, Deus é amor e não temor! Assim, com o tempo, deixamos de ter medo de Deus, por não ver n'Ele a origem de castigos e de qualquer constrangimento em nossa vida. Dessa forma, se você quiser mudar, você pode... Uma das forças extraordinárias que o Universo nos oferece é a oração. É a maior força que o indivíduo tem à sua disposição para solver seus problemas pessoais. O poder da oração é manifestação de energia. Vivemos num mundo de energias e nelas nos movemos, pelo pensamento.

Uma boa técnica para a materialização de nossas orações é recorrermos à meditação. Joanna de Ângelis, pela psicografia de Divaldo Pereira Franco, transmite-nos um roteiro precioso.

Recorre à meditação

Começa o teu treinamento, meditando diariamente num pensamento do Cristo, fixando-o pela repetição e aplicando-o na conduta através da ação.

Aumenta, a pouco e pouco, o tempo que lhe dediques, treinando o inquieto corcel mental e aquietando o corpo desacostumado.

Sensações e continuados comichões que surgem, atende-os com calma, a mente ligada à ideia central, até conseguires superá-los. A meditação deve ser atenta, mas não tensa, rígida.

Concentra-te, assentado comodamente, não, porém, o suficiente para amolentar-te e conduzir-te ao sono.

Envida esforços para vencer os desejos inferiores e as más inclinações.

Escolhe um lugar asseado, agradável, se possível, que se te faça habitual, enriquecendo-lhe a psicosfera com a qualidade superior dos teus anelos.

Reserva-te uma hora calma, em que estejas repousado. Invade o desconhecido país da tua mente, a princípio reflexionando sem censurar, nem julgar, qual observador equilibrado diante de acontecimentos que não pode evitar.

Respira, calmamente, sentindo o ar que te abençoa a vida.

Procura a companhia de pessoas moralmente sadias e sábias, que te harmonizem.

Dias haverá mais difíceis para o exercício. O treinamento, entretanto, se responsabilizará pelos resultados eficazes.

Não lutes contra os pensamentos. Conquista-os com paciência.

Tão natural se te tornará a realização que, diante de qualquer desafio ou problema, serás conduzido à ideia predominante em ti, portanto, a de tranquilidade, de discernimento. [149]

---

149 FRANCO, Divaldo Pereira/Joanna de Ângelis. *Momentos de meditação*, cap. 3.

Recebemos pela *internet*, entre tantos *e-mails*, um, cujo teor enriquece, sobremaneira, o tema, objeto de nossas reflexões. O texto nos relaciona alguns passos para a *materialização de nossas orações*:

1. Quando se desenha na mente algo que se deseja ser materializado, está-se no processo de criação desse algo.
2. Com base neste "desenho" esboçado, o Espírito do Universo inicia o trabalho de criação.
3. A partir deste momento, deve-se confiar totalmente na ação espontânea da Mente do Universo, aguardando tão somente a sua concretização.
4. Colocar em atividade a força da fé, sem desviar o 'foco' do que se deseja. A concretização ocorrerá por meios naturais.
5. A ideia, ou seja, o "molde" criado pelo pensamento, já é uma realidade no mundo mental.
6. Este "molde mental" é comparável à semente que traz dentro de si a planta e as flores em potencial.
7. Em conformidade com a lei da germinação e crescimento, a planta e as flores acabam se manifestando, sob a forma concreta.
8. Ao falarmos da concretização de algo conforme o "molde mental" convém usarmos o verbo no presente do indicativo.
9. Devemos afirmar, por exemplo: "Eu tenho uma digestão perfeita", mesmo que, na realidade, não seja muito boa.
10. Ao fazermos tal afirmação, não nos referimos ao superficial mundo concreto, mas sim ao mundo verdadeiro – o mundo da "imagem original", o mundo da ideia, o mundo mental – que se projeta para a materialização.
11. Por isso, não há equívoco em afirmar "Eu tenho uma digestão perfeita", usando o verbo no presente do indicativo, mesmo que tal fato não se verifique no aspecto fenomênico.
12. No momento em que mentalizamos ou verbalizamos essas palavras com muita fé, no mundo da ideia já está concretizado o molde da "digestão perfeita".

13. É correto, pois, expressar o fato usando o verbo no presente do indicativo. Assim, a "substância do Universo" começa a trabalhar em conformidade com o "molde mental" e, por fim, faz surgir concretamente, no mundo fenomênico, aquilo que desejamos.

14. Do ponto de vista fenomênico, esse processo leva algum tempo para se completar.

15. E, quando ele tiver se completado, podemos dizer: "Não apenas no mundo da ideia, como também no mundo concreto, no mundo das formas visíveis, sou dotado de capacidade digestiva perfeita".

16. Em resumo, assim é o processo de concretização da cura.

17. Este fato está implícito nas seguintes palavras de Jesus: "Tudo quanto em oração pedirdes, crede que recebereis..."

18. Ao dizer isto, ele se referiu ao recebimento das graças no mundo da imagem original.

19. Completando a frase, ele disse "... e será assim convosco", indicando a efetiva materialização e manifestação daquilo que já existe no mundo da imagem original.

20. Assim que delineamos, na mente, o "molde mental" daquilo que desejamos, inicia-se, como sequência lógica e natural, o processo de sua concretização.

21. Durante este processo, devemos tomar cuidado para não enfraquecer a fé e mudar de ideia quanto ao que desejamos, estragando o "molde mental".

22. Devemos manter, do começo ao fim, a expectativa de obter aquilo que foi desejado no início.

23. Temos de esperar, sem temor e sem efetuar alterações, a concretização daquilo que desejamos.

24. Vimos anteriormente, em Tiago (1:6): "Aquele que hesita é semelhante à onda do mar, que é agitada e levada de uma parte para a outra pelo vento".

25. Portanto, é um equívoco pensar que também as pessoas de pouca fé conseguem receber de Deus as coisas que desejam.

18

ELABORE A SUA PRÓPRIA ORAÇÃO

TUDO que pedirdes em oração, crede que recebereis.
Mc, 11:24

DIANTE DE TODA exposição realizada até agora, sobre a *força do pensamento* em nossas vidas, cremos que, neste capítulo final desta primeira parte, você pode concluir conosco que a *verdadeira oração* é aquela que expressa as nossas *criações mentais*, uma vez que "o homem vive no seio das criações mentais a que dá origem".[150] Quando nos servimos de "modelos", ensina Kardec, têm eles objetivos pontuais, com o fim de *fixa*r ideias, *inserir* princípios doutrinários e *auxiliar* as pessoas com dificuldades em expressar os próprios pensamentos. No entanto, afirmam, os espíritos que "a forma nada vale, o pensamento é tudo". Vimos que, mesmo quando são usados os modelos de oração, para que eles expressem os nossos pensamentos, devem ser adaptados aos nossos desejos.

No geral, a oração que normalmente se faz nas casas religiosas, ou mesmo, na câmara silenciosa, dentro de nós mesmos, é calca-

---

150 XAVIER, Francisco Cândido. *Fonte viva*, lição 149.

da em "modelos", criada por terceiros. Cremos que, neste sentido, a 'oração modelo', mais repetida pelos cristãos, em suas várias linhas de interpretação, tem sido a do *Pai Nosso*, pois, segundo o Evangelho de Mateus, ela teria sido ensinada pelo próprio Jesus. Os discípulos embevecidos pela atração irresistível do magnetismo espiritual de Jesus entenderam que ele realmente era um espírito luminoso, e que já desenvolvera em si o *Cristo interno*. Ele mesmo, constantemente, dizia: "Eu estou no Pai e o Pai está em mim". E aconteceu que, estando ele a orar, num certo lugar, quando acabou, lhe disse um dos seus discípulos: *Senhor, ensina-nos a orar*. O pedido era para ele lhes ensinassem a orar de maneira correta e eficiente, para que pudessem, também, usufruir dessa força extraordinária, que ele exteriorizava. Jesus, então, ensinou-lhes "um modelo": a oração do *Pai Nosso*.[151]

Embora, de beleza singular e perfeito modelo de concisão, ela não expressa todos os anseios da criatura. Afinal, é apenas "um modelo". As nossas criações mentais estão em construção contínua, pois deparamos, a todo instante, com diversos tipos de problemas e precisamos buscar soluções pessoais para cada situação. Atente-se que, ao ensinar esse modelo, Jesus não 'fechou questão', criando um modelo válido para todos os problemas e para sempre. Segundo informam os Evangelhos, Jesus orava muito, em particular, geralmente usando os textos do Velho Testamento, além daqueles de sua própria criação, para situações diversas. Diante da proximidade de sua morte, pediu em oração: "Meu Pai, se for possível, afasta de mim este cálice; Contudo, não se faça o que eu quero, senão o que tu queres". Já na cruz, segundo os escritos de Marcos (Mc 15:33-42), ora o Salmo 22:1: *Eli, Eli, lammasabactáni?* (Deus meu, Deus meu, por que me abandonaste?) Repetimos: nem todo modelo pessoal que serviu para alguém, serve

---

151 Sugerimos leitura da interpretação do *Pai Nosso* em nosso livro *A oração pode mudar sua vida*, 2.ª parte.

para você. Quase sempre, as orações que são proferidas, estão vinculadas às necessidades da própria pessoa, portanto, válidas para ela, tão só para aquela situação. Diante de outros obstáculos, criam-se novas estratégias mentais.

E, sendo assim, nem sempre as orações proferidas por uma pessoa, refletem as suas necessidades. Podem até ser semelhantes, mas não são iguais, porque cada uma delas tem uma história própria, 'personalíssima'. No dizer de Emmanuel "nosso pensamento cria a vida que procuramos, através do reflexo de nós mesmos".[152] Nesta ótica, ao alinharmos com o Universo, para registrarmos nossas orações, o fazemos com a energia própria daquilo que pensamos. E aqui vale insistir com o pensamento dos espíritos auxiliares de Kardec: "A forma nada vale, o pensamento é tudo. Devemos orar segundo nossas convicções e da maneira que mais nos toque. Um bom pensamento vale mais do que grande número de palavras com as quais nada tenha o coração".

Para que a conexão cósmica – ligação vibracional com o Infinito –, efetivamente, materialize os "moldes" mentais do pensamento, não pode ser um processo mecânico, proferido sem qualquer vínculo emocional com o próprio emissor. Precisa que seja um todo ativo, envolvendo o *pensamento*, a *emoção* e o *sentimento*. O que se quer *fixar* duradouramente nas redes neurais deve estar envolvido de química emocional. No geral, crê-se pela fé, que haverá uma intervenção 'milagrosa' de uma divindade externa, bastando para isso, proferir algumas orações pré-fabricadas, por outrem. Neste sentido, ora--se com o intuito de que uma força externa interfira, resolvendo os nossos problemas. E aí – cada qual à sua maneira –'imagina-se' na presença de um Deus pessoal, tipo judaico-cristão, que interfere no livre-arbítrio, sempre que O evocamos. E a hipótese ancorada no *teísmo*, segundo a qual, Deus, além de criar o Universo, tam-

---

152 XAVIER, Francisco Cândido/Emmanuel. *Pensamento e vida*, lição, introdução.

bém interfere nele, e em seus habitantes, atendendo os seus rogos, livrando-os de problemas, muitas vezes, em detrimento de outros.

Será que a mecânica de justiça do Universo funciona assim mesmo? Apela-se, então, para a 'salvação' externa: *Jesus me salvará!* Ora, são exatamente os problemas, as escolhas equivocadas que nos impulsionam para posições mais elevadas na escala evolutiva. Todos devem superar os seus próprios problemas para, com base nas experiências, alcançar mais sabedoria. Criar estratégias mentais e nelas trabalhar para que elas se materializem, eis o processo de se "salvar". Aliás, sob a ótica espírita, o termo 'salvar', como é aplicado, não existe. No entender de Emmanuel, "Muita gente acredita que salvar-se será livrar-se de todos os riscos, na conquista da suprema tranquilidade; salvar não será situar alguém na redoma da preguiça, à distância do suor na marcha evolutiva; tanto quanto triunfar não significa deserção do combate". E arremata: "salvar é, sobretudo, regenerar, instruir, educar e aperfeiçoar para a Vida Eterna".[153] Este aperfeiçoar não tem sentido de término, pois, pelas leis da evolução, trata-se de processo contínuo do espírito em sua ascese ao Infinito.

O que Jesus nos ensinou, no entanto, não foi "salvação" sem luta. Sua sugestão é para que cada um construa, com os próprios esforços, seu patrimônio espiritual. Ao expressar: "Pedi, e dar-se-vos-á; buscai, e encontrareis; batei, e abrir-se-vos-á" (Mt. 7:7), não está ele sugerindo a ociosidade, no sentido do *dolce far niente*.[154] Este convite tem sido interpretado equivocadamente, por parte de muitas criaturas. No entanto, este é um trabalho de *mentalização*, fruto do exercício, desde que a criatura se disponha a perseverar na busca de seus objetivos, utilizando-se da força do pensamento, que, quando colocado em ação constrói o próprio destino. Nesta linha de

---

153 Idem, *Palavras de vida eterna*, lição 29.
154 Expressão italiana que significa, literalmente, "doce fazer nada", e é usada para falar do prazer dos momentos indolentes.

raciocínio também funciona a oração. Defendemos que a oração – embora possa ser feita, repetindo modelos criados por outros – para que se possa atingir a concretude do teor de nossas necessidades, **seja construída por nós mesmos**. A luta é **nossa**, o problema é **nosso**, portanto, a oração tem que expressar o **nosso** pensamento.

Antes, pensava-se que os pedidos em orações, só poderiam expressar valores espirituais. Valores materiais, nem pensar... Observemos que a prece não conhece limites: "**Tudo quanto pedirdes.** Todavia, é necessário ter uma certeza absoluta, como se já tivéssemos recebido o que pedimos; temos que considerar o *fato consumado*; agir com a convicção plena de já ter o que queremos".[155] Desejar a riqueza e o máximo bem-estar não é defeito da alma, mas uma virtude daquele que usa o potencial divino. Uma das importantes Leis do Universo é a lei do progresso (Cap. VII, de *O Livro dos Espíritos*). Contraria a lei quem foge de participar do progresso. O Universo (expressão da Mente divina) não limita nada, nós é que o limitamos. Ele sempre conspira a nosso favor. Quem acha que ser pobre é virtude que o faça, se isto lhe faz bem e possa, com esta atitude, beneficiar alguém. Temos que crescer espiritualmente, mas, ao mesmo tempo, elevarmo-nos psíquica, mental e materialmente. O Universo não vai fazer nada, se você não colocar em ação sua vontade! Ter bens materiais não é algo pecaminoso. Assim, você pode mentalizar o que você quiser, sem medo de ser feliz. [156]

Já dissemos alhures que imaginação é a capacidade de criar uma ideia ou representações em nossa mente. É uma ferramenta importante para produzir o que realmente se deseja: amor, realização pessoal, prazer, relacionamentos satisfatórios, empregos, saúde, beleza, prosperidade, paz de espírito ou outros desejos que aspiramos. Entendamos, pois, que a visualização é mecanismo, que possibilita a toda criatura acesso aos desejos, depositando na mente e acredi-

---

155 PASTORINO, Carlos Torres, *Sabedoria do Evangelho*, volume VII.
156 Ver 5.ª parte, cap. 5, Os tesouros do céu em nosso livro *O segredo das bem aventuranças*.

tando que o Universo responderá da forma como pensamos. Afirma Emmanuel que "A mente é fonte criadora. A vida, pouco a pouco, plasma em torno de nossos passos aquilo que desejamos".[157] Pela "imaginação", você produz uma "imagem na mente", de forma precisa, daquilo que você deseja. Mas não para aí. Devemos continuar concentrando na representação mental e crendo que aquilo vai acontecer. Cultive energia positiva intensamente, até que aquilo se transforme em realidade objetiva. Cuidado com as ideias negativas. Elas também são aceitas pelo Universo. O que você pensa, assim será! Não pela intervenção de forças externas, mas por sua fé, que é o mecanismo de manifestação do pensamento.

Concordamos com Sueli Caldas Schubert quando expõe: "Orar é quando conversamos com Deus, é a conexão com a Mente Divina. Claro que pessoas existem que só oram de uma forma decorada, sem pensar, sem pôr sentimento. O importante é que a oração seja um 'grito da alma', seja um sentimento que está sendo exteriorizado, naquele instante".[158] E sendo assim, coloque toda a alma em suas orações, para que suas criações mentais se materializem. Só podemos ser do tamanho daquilo que vislumbramos. Nada do que você almeja está proibido. Aliás, diante das Leis do Universo, é proibido proibir... O Universo não contraria suas criações mentais, já que o livre-arbítrio é conquista pessoal. "Num contexto amplo, a trajetória completa de nossas vidas é gerada por nossas escolhas. Você quer casar? Quer ter filhos? Ir para a universidade? Estudar o quê? Seguir que carreira? Que proposta de emprego aceitar? Sua vida não se limita a deixar 'acontecer': ela está baseada nas escolhas que você faz – ou deixa de fazer – a cada dia".[159] Por esta visão, não se iluda, se você não 'focar' o pensamento nos seus desejos, colocando toda sua vontade, com ações claras e bem direcionadas, tudo vai

---

157 XAVIER, Francisco Cândido/Emmanuel. *Fonte viva*, lição 86.
158 Programa Transição, nº 89, exibido em 13 de junho de 2010, no www.youtub. com.br
159 ARNTZ, William e outros. *Quem somos nós?*

continuar exatamente do jeito que está. A conquista dos sonhos não é obra do acaso.

É pura bobagem pensar que Deus "interfere" em nossas escolhas. É comum ouvir a linguagem religiosa: "Vou aguardar para ver o que Deus reserva para mim!" O que você cadastrar em suas orações é o que o Universo vai lhe devolver. Esse pensamento é baseado no Deus-pessoal intercessor. No entanto o Universo conspira a seu favor. Pelo livre-arbítrio – conquista milenar na ascese evolutiva, rumo ao Infinito –, o espírito, quanto mais adquire maturidade, mais se credencia em jurisdição própria, fazendo escolhas melhores. Afirmam os espíritos que "Todas nossas ações estão reguladas por Leis", [160] sem a presença de um Deus externo, que "permite", "proíbe", "castiga" ou "premia".

Ora, "todas nossas ações são legítimas, mesmo que ilícitas, porque derivam do uso do livre-arbítrio".[161] Cada um é regulado por si mesmo, por princípios de ação e reação, ínsitos, na legislação do Universo. Assim, a oração que você cadastra no Universo, é perfeitamente legal, porque deriva de seu livre-arbítrio. Portanto, peça o que quiser – **Tudo** que pedirdes (Mc. 11:24) – sem exceção, pois é assim que funciona a mecânica das Leis da Mente. É por isso que Paulo asseverou: "Tudo me é lícito, porém, nem tudo me convém". A expressão "me convém" é fruto de maturidade, através de seleção de escolha, sempre mais madura, após ter passado pelo processo de ensaio e erro. Já afirmamos: "errar" faz parte do livre-arbítrio. Se você escolheu errado, não haverá castigo algum, mas, tão só consequência. Uma vez corrigido o ato considerado por nós ilícito, aprende-se.

Nesta ótica, "ser bem-sucedido na profissão, encontrar um amor, ter filhos, ganhar dinheiro, viajar, conhecer lugares, ter casa própria, engajar-nos numa causa social ou ecológica, tra-

---

160 KARDEC, Allan, *O Livro dos Espíritos*, questão 964.
161 BONDER, Nílton. *Código penal celeste*.

balhar pela comunidade, mudar o mundo, ter uma vida melhor, ser feliz", é direito de todos. Tudo isso e o mais que você quiser podem fazer parte de seus pedidos em oração, sem medo de ser feliz. O que há de errado em desejar coisas materiais, como ter uma casa, um carro, ser bem-sucedido, financeiramente? Dizem os espíritos que, "O homem só é infeliz quando se afasta da Lei" (Q. 614). Isto tudo pode fazer parte de nossos sonhos, bem como, a conquistada paz espiritual.

O "ter" e o "ser" podem andar juntos, sem que isso seja contrário à Lei do Universo. Alerta Emmanuel: "A fim de que não perturbemos as Leis do Universo, a Natureza somente nos concede as bênçãos da vida, de conformidade com as nossas concepções".[162] Então, entenda, você cria e o Universo atende, de acordo com suas concepções. Quando Jesus disse: "**Tudo** o que pedirdes em oração, crede que vos será dado", não tem sentido de que, por "milagre", haja intervenção mística, de uma força externa; trata-se de mentalização e trabalho persistente, colocando os potenciais divinos em ação, com convicção de que os desejos serão, no tempo de cada um, materializados. Este é o sentido do aforismo "Ajuda-te que o **Céu te ajudará**", semelhante ao "**busca e acharás**". É o princípio da lei do **trabalho** e da lei do **progresso**.

Feitas essas considerações, mãos à obra, "porque da maneira como pensa em seu coração, assim será ele". (Pv. 51:7). "Se você quer que algo aconteça, comece, através das orações, criar o "molde" mental de seus desejos, conforme já dissemos. Lísias, ao orientar André Luiz, na colônia Nosso Lar,[163] ensina que para que haja realização de algo em nossa vida, é preciso: "Desejar, saber desejar e merecer, ou, por outros termos, vontade ativa, trabalho persistente e merecimento justo". **Não podemos deixar que a vida** transcorra, sem a nossa participação ativa, pois, o trabalho de criação de tudo

---

162 XAVIER, Francisco Cândido/Emmanuel. *Fonte viva*, lição 149.
163 Idem,/André Luiz. *Nosso Lar*.

em nossa existência, é nosso mesmo. Neste sentido, uma boa técnica é escrever o objeto de nossa oração. Aqui, ao nos referirmos a criar um "modelo" de oração, não tem outro sentido senão o de **fixar** ideias. Não estamos, obviamente, incentivando o uso de fórmula--padrão criada por terceiros, mas, aquela que nós mesmos criamos, retratando, efetivamente, os nossos desejos.

Lembra-se do sonho real que relatamos do garoto, filho de um domador de cavalos?[164] Comentamos, no caso, a forma como ele registrou o seu sonho: "Tão entusiasmado estava, que não somente **descreveu**, mas **desenhou**". A técnica é válida para as nossas orações, pois, para gravar de forma efetiva na rede neural os desejos, como vimos acima, além de **desejar** é preciso **saber desejar**. Quando alguém **deseja** ardentemente, já se encontra a caminho da realização. E saber desejar é a vontade ativa no trabalho persistente. [165] Assim, não espere por milagres, que 'caiam do céu' os seus desejos, tais como na lenda bíblica, em que Moisés orou e Deus mandou o maná fazendo chover pão do céu para alimentar o povo (Êx. 16:1-10). Use de estratégias mentais para que as coisas aconteçam.

Deste sonho do garoto, podemos relacionar alguns pontos comuns e universais no processo de concretização do pensamento, através de nossas orações. Assim, leia com atenção algumas sugestões abaixo, sem que se queira fechar questão, pois existem outras estratégias para que você, "peça e receba".

1. Pegue um papel e escreva tudo que você deseja, pormenorizadamente.
2. Se possível, desenhe, com minúcias, no papel, o seu sonho. O que você quer que aconteça. Isto facilita a gravação nas redes neurais, que, gradativamente, vão se solidificando.

---

164 Releia a lição 5, deste livro.
165 Sugiro que você medite na lição 8, de nosso livro *Aprendendo com Nosso Lar*.

3. Elimine as memórias passadas não consistentes com aquilo que você deseja.
4. Analise as suas metas, diariamente, por alguns minutos, para energizá-las e atraí-las, visualizando a concretização. Sinta-se, desde já, na "posse", do idealizado.
5. Deixe esta anotação, em lugar visível, para que sempre seja lembrada: no espelho, na mesa do escritório, no banheiro, etc.
6. Não duvidar, mesmo diante das adversidades. Estas fazem parte do jogo, pois despertam-nos, fortalecendo o ânimo. Sem obstáculo, não crescemos nunca!
7. O que você emitir ao Universo, ele responderá, podendo ser: medos, queixas, temores, agradecimentos, enfim, tudo em que você foca a atenção. Para a lei da atração não importa o que você pensa. É tudo que pedirdes. Ela sempre responde aos seus pensamentos.
8. Aceite o ensinamento: "Tudo é possível, àquele que crê!" O plantio é livre, mas colheremos o que plantamos.

Experimente aplicar as sugestões acima, com fé de que os resultados virão, no devido tempo. Da mesma forma que a semente auxiliada pela adubação, pela água e pelo sol, trabalha dentro de si mesma, na produção daquilo que é seu objeto, também nós, podemos construir o que desejamos pela oração, utilizando-nos de várias estratégias para que a coisa aconteça de acordo com o que criamos, já que o Universo conspira sempre a nosso favor. O que você pensa, assim será...

SEGUNDA PARTE

O UNIVERSO CONCRETIZA AS CRIAÇÕES DO PENSAMENTO

A vontade do espírito é acatada pela Providência, em todas as manifestações, incluindo aquelas em que o homem se extravia na criminalidade, esposando obscuros compromissos. A pessoa converte, pois, a vida naquilo que deseje, sob a égide da Justiça Perfeita que reina em todos os distritos do Universo, determinando seja concedido a cada um por suas obras.

Francisco Cândido Xavier/Emmanuel
Palavras de vida eterna, **lição 180**

EXPLICAÇÕES PRELIMINARES

APENAS, A TÍTULO de exemplo, sem qualquer objetivo de estabelecer 'modelos', mas, tão só no sentido de que, cada **um possa elaborar a sua oração**, mostraremos algumas 'sugestões' que poderão ser úteis na própria formulação. Lembremo-nos de que, pelo livre-arbítrio, geramos pensamentos, movimentamo-nos e agimos, conforme a vontade. Ele garante-nos sempre correspondência entre nossas escolhas e seus resultados (consequências). Por isso, quando pensamos, plantamos "sementes" que repousam em nossa terra mental, aguardando condições propícias para que se materializem. "É imperioso reconhecer, que se a semente é auxiliada pela adubação, pela água e pelo sol, é obrigada a trabalhar, dentro de si mesma, a fim de produzir. Neste mesmo sentido, lembra-te de que não és tu quem espera pela Divina Luz. É a Divina Luz, que permanece esperando por ti".[166] Se me movimento, não devo esquecer igualmente que este fato, nascido da execução dos meus pensamentos, é como cova morna onde deposito as sementes, autorizando a sua germinação... Nesta ótica, a mente se manifesta no mundo material, seguindo a Lei da Mente.

---

166 XAVIER, Francisco Cândido/Emmanuel. *Fonte viva*, lição 67, Texto: Recebestes a luz?

Prescreve essa lei que se materialize um estado semelhante àquilo que existe na mente.

"Cada alma possui no próprio pensamento a fonte inestancável das próprias energias. Correntes vivas fluem do íntimo de cada inteligência, a se lhe projetarem no "halo energético", estruturando-lhe a aura ou fotosfera psíquica, à base de cargas magnéticas constantes, conforme a natureza que lhes é peculiar, de certa forma, semelhantes às correntes de força que partem da massa planetária, compondo a atmosfera que a envolve. Quanto mais enobrecida a consciência, mais se lhe configurará a riqueza de imaginação e poder mental, surgindo, portanto, mais complexo o cabedal de suas cargas magnéticas ou correntes mentais, a vibrarem ao redor de si mesmo e a exigirem mais ampla quota de atividade construtiva no serviço em que se lhe plasmem vocação e aptidão. Em todos os departamentos de ação, o espírito é chamado a servir bem, isto é, a servir no benefício de todos, sob pena de conturbar a circulação das próprias energias mentais, agravando os estados de tensão".[167]

O aforismo "ajuda-te que o céu te ajudará", semelhante ao "busca e acharás", não sugere tão somente o trabalho físico, mas também o mental, o espiritual, o emocional. Quando desejamos algo, o pensamento, ao criar a imagem, está plantando o germe do que se almeja. A mente, pela vontade – gerência esclarecida da vida mental – coloca, em ação, toda a energia disponível para que a semente (criação do pensamento) se desabroche, floresça e frutifique, tal como foi moldada nos escaninhos da mente. Pensar positivo sobre aquilo que se deseja, e colocar em ação as energias a serviço da construção do pensamento é de responsabilidade de cada um. Neste sentido, "faça sempre **afirmações positivas** sobre como quer que seja sua vida: Use sempre o tempo presente nas suas declara-

---

167 XAVIER, Francisco Cândido e Vieira, Waldo/ André Luiz. *Mecanismos da mediunidade*, cap. XV.

ções, como "sou" ou "tenho". Sua mente subconsciente é um servo tão obediente que, se você afirmar usando o futuro, como "serei" ou "terei", é lá que sempre ficará o que deseja – fora do alcance, no futuro!" [168]

Assim, perguntamos: – Você utiliza as leis do pensamento a seu favor? Afinal, o que efetivamente você deseja? Que semente você quer plantar em sua terra mental? Não importa a natureza do pedido, pois, "**TUDO** que pedirdes em oração, crendo, o recebereis", conforme asseverou Jesus (Mt. 21:22). Nada lhe é proibido, pelas Leis do Universo. "A vontade do espírito é acatada pela Providência (Inteligência Suprema e Causa primeira de todas as coisas, acrescentamos), em todas as manifestações, incluindo aquelas em que o homem se extravia na criminalidade, esposando obscuros compromissos. A pessoa converte, pois, a vida naquilo que deseje, sob a égide da Justiça Perfeita que reina em todos os distritos do Universo, determinando seja concedido *a cada um por suas obras*". [169]

A liberdade de escolha é exclusivamente pessoal. Não é por 'ordem divina' que executamos determinadas tarefas, e sim, por escolha nossa, segundo as inclinações ou continuidade de propósitos e experiências que viemos acumulando desde existências anteriores, ou missões não acabadas. Os males e as virtudes que cultivamos ao longo de muitas vivências carnais, nós os trazemos na bagagem a cada retorno à vida terrena (e os levamos de volta, também), até que tudo que nos diz respeito se cumpra. Tudo de que necessitamos para nosso aperfeiçoamento está gravado no Eu verdadeiro – Deus em nossa intimidade. Então, o foco de nossa oração não é 'pedir', implorar que um 'Deus externo' faça por nós, mas reconhecer que podemos tomar 'posse' deste poder ilimitado, gradativamente, à medida que plantamos a semente dos nossos pensamentos na mente. "Tudo que eu faço, vós também

---

168 HAY, Louise L. *Você pode curar sua vida*.
169 XAVIER, Francisco Cândido/Emmanuel. *Palavras de vida eterna*, lição 180.

podeis fazer e muito mais", disse Jesus (João, 14:12). Transferiu o mestre, neste convite, a responsabilidade da evolução a cada um. Então, ao invés de pedir, faça!

Quando oramos, estamos, na realidade, 'semeando' nossos desejos na mente, tal como age o agricultor no cultivo da terra. Assim, que semente você vai plantar hoje, em sua mente? Seja qual for a provação que nos visita, acalmemo-nos, esperando, com confiança, que a solução virá. Muitas vezes, quando a resposta ao nosso pedido parece tardar, não paremos; continuemos a 'regar' a semente, através da oração. No tempo de cada um, a resposta virá. Nesta busca e nesta espera, estaremos desenvolvendo inúmeros valores espirituais.

Conforme afirmamos, embora não pretendamos apresentar modelo algum, mas, tão somente "facilitar" a formulação das próprias orações, trazemos, a seguir, alguns 'alvitres' que podem ser adaptados aos seus desejos em petição ao Universo. Mas, insistimos, como 'somos o que pensamos', a verdadeira oração é aquela que brota dos pensamentos e reflete os anseios de cada um. Nem sempre um modelo pode retratar o que a alma deseja. Por isso, insistimos: escreva suas orações e ore diariamente, crendo nas palavras de Jesus: "**TUDO** que pedirdes em oração, crendo, recebereis", sem distinção da natureza do pedido (plantio da semente), porque o Universo conspira sempre a nosso favor. A afirmação **TUDO** não faz distinção do pedido. Isto quer dizer: o que você pedir, a semente que você plantar no seu subconsciente é o que vai nascer.

Lembremo-nos do adágio, no movimento espírita, que "o plantio é livre, mas a colheita é obrigatória". De outra forma: o que se planta na mente, é o que se colhe, sejam as consequências boas, ruins. Afinal, somos soberanamente livres na intimidade do próprio espírito para escolhermos o que quisermos. Somos, pelo livre-arbítrio, Deus com jurisdição própria... A transformação ocorrerá conosco, somente quando deixarmos de buscar fora de nós mesmos. "Deus não vive lá nas alturas, nas nuvens, lá no 'céu' esperando por você. Ele repousa dentro de cada experiência que você tem, e assim deve ser encontrado. Deus está no centro de cada ação, cada pensamento, cada sentimento e cada respiração". [170]

---

170 JEEVAN, Amoda Maan. *Como encontrar Deus em todas as coisas.*

1

MENTALIZANDO SAÚDE

É de bom alvitre visualizar a saúde e incorporá-la. Concentrar-se numa visão
saudável, projetando-se no tempo em condições de equilíbrio.
Divaldo Pereira Franco/Joanna de Ângelis. *Plenitude*

DIGAMOS QUE O seu problema esteja relacionado à saúde. Ao visitar o médico, foi detectada em você, certa enfermidade. "A doença é a correção provocada por nossos próprios desequilíbrios, agora ou no passado, atuando, a fim de que não venhamos a cair em maiores padecimentos na esteira do tempo".[171] Se você entrar em desespero complicará ainda mais a situação, agravando os seus próprios problemas e, em nada se ajudará. "O desespero (dentre outros desequilíbrios emocionais) cria zona mórbida de natureza particular no cosmo orgânico, impondo às células a distonia pela qual anula quase todos os recursos de defesa, abrindo-se leira fértil à cultura de micróbios patogênicos nos órgãos menos habilitados à resistência".[172] Quem deseja saúde, deve pensar em saúde. As Leis do Universo refletem saúde e perfeição absolutas. Não é o Universo que

---

171 XAVIER, Francisco Cândido/Emmanuel. *Visão nova*. Lição nº 17.
172 Idem, *Pensamento e vida*, lição 15.

cura. A Fonte curadora, que chamamos de Deus, está em mim e está em você; assim, deve-se invocar a Fonte, pois o reino de Deus está dentro de nós... Trabalhar para a desobstrução do canal que nos liga à Fonte, para que a energia da saúde flua em nossa intimidade, eis o caminho.

Toda impureza mental, tal como ódio, orgulho, falta de perdão, pessimismo, pensamento negativo, entre outros, são impeditivos que bloqueiam as manifestações da Fonte da saúde perfeita, presente potencialmente, em nós. Não nos esqueçamos "de que a Fonte está em mim, em você, mas está soterrada, inconsciente e deve ser 'desenterrada', 'conscientizada'; a Fonte da vida, saúde e felicidade em mim, em você, é um "tesouro oculto", que deve ser manifestado; é uma "luz debaixo do alqueire", que deve ser colocada no alto do candelabro. Todo homem é potencialmente a "luz do mundo", perfeita vida, saúde e felicidade; mas essa potencialidade latente deve tornar-se uma atualidade manifesta. Não é a presença de Deus que cura alguém, repetimos, – do contrário não haveria um só doente no mundo – é a consciência ou a conscientização da presença de Deus que dá vida e saúde. Dentro da presença e onipresença de Deus, há doenças de toda espécie – doenças de câncer, de paralisia, de lepra, cegueira, surdez, mudez – mas dentro da consciência da presença de Deus não há um só doente, porque a consciência da presença divina e o mal são absolutamente incompatíveis". [173]

Neste sentido, com base na orientação de Emmanuel, conscientizarmo-nos da mecânica universal das Leis da Mente, trazendo à colação o texto abaixo:

Cura espiritual
Quantas enfermidades pomposamente batizadas pela ciência médica não passam de **estados vibracionais da mente** em desequilíbrio?[174]

---

173 ROHDEN, Huberto. *Cosmoterapia.*
174 XAVIER, Francisco Cândido/Emmanuel. *Vinha de luz*, lição 157.

No trato com as nossas doenças, além dos cuidados médicos indispensáveis à nossa cura, não nos esqueçamos também de que, quase sempre, **a origem de toda enfermidade principia nos recessos do espírito.**

A doença, quando se manifesta no corpo físico, **já está em sua fase conclusiva, em seu ciclo derradeiro**. Ela teve início há muito tempo, provavelmente, naqueles períodos em que nos descontrolamos emocionalmente, contagiados que fomos por diversos vírus potentes e conhecidos como raiva, medo, tristeza, inveja, mágoa, ódio e culpa.

Como a doença vem de dentro para fora, isto é, do espírito para a matéria, **o encontro da cura também dependerá da renovação interior do enfermo**. Não basta uma simples pintura quando a parede apresenta trincas. Renovar-se é o processo de consertar nossas rachaduras internas, é escolher novas respostas para velhas questões até hoje não resolvidas.

O momento da doença é o momento do enfrentamento de nós próprios, é o momento de tirarmos o lixo que jogamos debaixo do tapete, é o ensejo de encararmos nossas paredes rachadas.

O Evangelho nos propõe tapar as trincas com a argamassa do amor e do perdão. **Nada de martírios e culpas pelo tempo em que deixamos a casa descuidada.**

O momento pede responsabilidade de não mais se viver de forma tão desequilibrada. Quem ama e perdoa vive em paz, vive sem conflitos, vive sem culpa, **quando atingimos esse patamar de harmonia interior, nossa mente vibra nas melhores frequências do equilíbrio e da felicidade, fazendo com que a saúde do espírito se derrame por todo o corpo** (www.searabendita.org.br).

Vamos começar agora mesmo o nosso tratamento?

Então, escreva agora a sua oração e ore todos os dias, e em todos os momentos disponíveis, visualizando só um corpo saudável (não pense em doença). Confie que as Leis do Universo (manifestação de Deus em nós) eternas, perfeitas e imutáveis, estão sempre disponíveis, conspirando a seu favor. Agindo assim, gradativamente, criaremos condições mentais para que as Energias Divinas fluam saúde em todo o organismo. Uma das coisas mais importantes que existe é que não precisamos saber "como".

Tudo o que precisamos é estarmos dispostos. A Inteligência Universal ou a mente subconsciente descobrirá os "como". Cada pensamento que você tem ou cada palavra que fala está recebendo resposta, e o ponto do poder está neste instante. Os pensamentos que você está tendo e as palavras que está dizendo neste momento estão criando o seu futuro". [175]

Ensina-nos Joanna de Ângelis, com relação ao pensamento saudável que devemos cultivar: "Mantém os teus pensamentos em ritmo de saúde e otimismo. A mente é dínamo poderoso. Conforme pensares, atrairás respostas vibratórias equivalentes. Quem cultiva doença, sempre padece dessa natureza. Quem preserva a saúde, sempre supera as enfermidades. Pensa corretamente e serás inspirado por Deus a encontrar as soluções melhores. O pensamento edificante e bom é também uma oração sem palavras, que se faz sempre ouvida". [176]

Confie, verdadeiramente, no poder da oração, ela pode modificar a sua vida. Mas ela precisa ser criada por você mesmo. É por essa razão que você deve escrever, 'mentalizando' e 'regando' com cuidado os brotos ainda tenros (semente na terra mental) para que eles se materializem e tragam os frutos, conforme você idealizou, porque, nesta operação, você se torna um com o Universo, e o que você pede irá se MANIFESTAR em sua vida... Não dê espaço ao adversário (as igrejas afirmam que é o "demo", mas, na realidade, são nossas ideias malsãs). No dizer de Emmanuel, "a sua vida será sempre o que você esteja mentalizando, constantemente... Em razão disso, qualquer mudança real em seus caminhos, virá unicamente da mudança de seus pensamentos".[177] Chegará o momento que sua rede neural fixará a ordem de comando de seus pensamentos.

---

175 HAY, Louise L. *Você pode curar sua vida.*
176 FRANCO, Divaldo Pereira/Joanna de Ângelis. *Vida feliz.*
177 XAVIER, Francisco Cândido/André Luiz. *Respostas da vida*, mensagem: Pensar.

> Eu me amo, portanto cuido carinhosamente de meu corpo. Amorosamente, eu me alimento com comidas e bebidas nutritivas. Amorosamente, exercito e aprimoro o meu corpo, e ele, com carinho, me responde com saúde e energias vibrantes. Eu sou saudável. Estou recebendo de Deus (através de Suas Leis), presente em mim, o fluxo de amor, da perfeita vida, saúde e felicidade. Sendo semente divina, manifesto em todo o meu corpo, a Perfeição. Alinho-me à Vida abundante que está a minha disposição.

Para que o Universo responda de acordo com o que você desenhou na mente, jamais duvide. Visualize o que você está pronunciando, como Verdade. Não saia do foco. Veja-se assistido pelo fluxo do Universo, cujas Leis estão gravadas na consciência. Imagine-se gozando de saúde perfeita, recebendo a Água da Vida, na expressão de Jesus, no diálogo com a mulher samaritana, junto ao Poço de Jacó.

2

BUSCANDO PROSPERIDADE

É uma obrigação, pela lei do progresso, que o homem, produza sempre mais. Assim, você pode, sem qualquer sentimento de culpa, orar, plantando semente de prosperidade, em sua mente.

MUITA GENTE PENSA que nossos pedidos só podem se relacionar às coisas espirituais, como se "prosperar" materialmente fosse um grande mal. Diante do pronunciamento de Jesus, de que "ninguém pode servir a dois senhores; porque ou há de odiar um e amar o outro, ou se dedicará a um e desprezará o outro" (Mt. 6:24), muitos *religiosos*, dando interpretação restrita à afirmação, acreditam que Deus condena a riqueza! Será que condena mesmo? Já parou para pensar na força desta frase se não dermos elasticidade à interpretação? Ora, aquele que trabalha honestamente, conquista, por consequência de seu esforço, bens materiais. O que há de errado nisso? Aliás, é uma obrigação, pela lei do progresso, que o homem, produza sempre mais. Errado é ficar alheio à necessidade de coparticipar da produção de bens e só cuidando da vida espiritual, num *dolce far niente*, 'deixando a vida passar'...

A vida espiritual se desenvolve na ação, no enfrentamento dos problemas do dia a dia, não ao contrário, na posição de indolência. Afirma Kardec: "Do ponto de vista terreno, a máxima: Buscai e achareis é análoga a esta outra: Ajuda-te a ti mesmo, que o céu te ajudará. É o princípio da lei do trabalho e, por conseguinte, da lei do progresso, porquanto o progresso é filho do trabalho, visto que este põe em ação as forças da inteligência". [178]

Você já imaginou se todos resolvessem parar de trabalhar, e se dedicassem apenas aos valores do espírito? Seria um caos. Que ideia mais absurda! Primeiro, porque Deus não interfere em nosso livre-arbítrio, deixando a escolha das ações por nossa conta; segundo, porque "O trabalho é lei da Natureza, e por isso mesmo é uma necessidade, e a civilização obriga o homem a trabalhar mais, porque lhe aumenta as necessidades e os gozos". [179] Assim, você pode, sem qualquer sentimento de culpa, orar, plantando semente de prosperidade, em sua mente. Por outro lado, ocorrerá o contrário, se você mentalizar que é pecado prosperar. O que você planta na mente é o que você colherá...

Mentalize, diariamente, na sua oração a imagem da prosperidade. Depois de ter desenhado na mente os seus desejos, trabalhe por eles. Focalize um deles de cada vez. Não pare, persista até a consecução daquilo que você plantou na mente. Lembremo-nos do ensinamento de Jesus: "Só aquele que persiste até o fim, salvará" (vencerá). Entendendo que encontraremos o resultado daquilo em que pensamos – tal como a semente que produz o fruto de sua espécie – fatalmente, no tempo próprio, os resultados virão, materializando no mundo objetivo, os moldes mentais que criamos. Lembre-se da história verídica que contamos, neste livro, sobre "os sonhos do filho de um domador de cavalos?" [180] Visualize prosperidade em sua vida, porque a mente subconsciente vai trabalhar para que tudo aconteça, conforme a semente plantada.

Não pense em algo que ainda 'vai acontecer', mas como se aquilo que deseja, já estivesse em suas mãos. Portanto, não diga "eu quero

---

178 Ver nosso livro, *O segredo das bem-aventuranças*, 7.1, parte 5.
179 KARDEC, Allan. *O Livro dos Espíritos*, questão 674.
180 Releia a lição n.º 5, deste livro.

ser próspero", pois, nesse caso, a sua mente subconsciente irá se certificar de você sempre "querer" ser próspero, ao contrário de ter prosperidade! E também, a mente subconsciente não tem noção de tempo, então, ela absorve tudo como se já existisse... (também criamos coisas abstratas, que jamais serão concretizadas, pois, estão só no mundo interior). Quando você projeta na mente o seu desejo, o pensamento, mesmo sem se manifestar no exterior, age como se fosse real. É neste sentido que podemos entender o chamado, "pecado por pensamentos", referido por Jesus (Mt. 5:27-28). Todo mau pensamento é, portanto, o resultado da imperfeição da alma. A pessoa é, desse modo, tão culpada, como se o houvesse praticado. Se, quando você afirmar "eu sou próspero", sua mente consciente rejeitar a ideia, diante da falta de sintonia com a atual situação, melhor, então, será afirmar: "estou me tornando cada dia mais próspero, em todos os sentidos".

Sou próspero e feliz. Cumpro as Leis Naturais que prescrevem a prosperidade como necessidade do progresso e evolução de todos nós. Vejo-me de posse da imagem do que penso.

A minha mente, pensamentos e emoções são perfeitos e sadios.

A harmonia e a riqueza fazem parte de todas as células e átomos do meu corpo.

Desintegram-se, agora, todos os medos, conflitos e crenças anteriores, fortalecendo o merecimento de receber saúde, riqueza e felicidade.

A riqueza (física, mental, espiritual, emocional e material) está presente em minha vida, todos os dias de forma natural e positiva.

Sou próspero, tranquilo, sereno e bem-sucedido nos negócios... Sou realmente um ser próspero, sadio e feliz!

3

ABANDONANDO VÍCIO

VÍCIO, DO LATIM, *vitium*, **que significa** "FALHA" ou "DEFEI-TO", é um hábito repetitivo que degenera ou causa algum prejuízo ao viciado e aos que com ele convivem. Pode ser com abuso de drogas, com o alcoolismo ou com os distúrbios alimentares, mas pode também ser tão sutil, que nem o percebamos, embora todos nós o tenhamos em algum grau. "É preciso honestidade implacável e presença verdadeira para ser capaz de detectá-lo. Basicamente, se você corriqueiramente fuma, bebe, usa drogas recreativas, come, faz compras ou *sexo para se sentir melhor*, então, ou você está tapando seus sentimentos ou enchendo o vazio deixado pelo entorpecimento".[181]

O vício, à semelhança da virtude, é um hábito. Só que, ao contrário da virtude, caracteriza uma disposição estável para a prática de algum "mal". Ambos, virtude e vício, são consequências de ações, nesta ou em experiências anteriores, ao longo das existências sucessivas. Assim como para o desenvolvimento da virtude, requer-se muito esforço, o vício só é extirpado mediante muita força de vontade e persistência. Um ato é considerado vício, quando traz prejuízos para a saúde física e mental do indivíduo e/ou daqueles que com ele con-

---

181 JEEVAN, Amoda Maan. *Como encontrar Deus em todas as coisas.*

vivem. Importante frisar que todos os vícios apresentam como causa uma inadaptação à vida social. O vício, no dizer de André Luiz, "é a fístula corruptora esperando a remoção da causa que a produz". [182]

Kardec questionou seus auxiliares espirituais, querendo saber se o mal, quando o homem está mergulhado, de algum modo, na atmosfera do vício, **não se torna um arrebatamento quase irresistível.**[183] Ao que eles responderam: – "Arrebatamento, sim; **irresistível, não**, porque, em meio à atmosfera do vício, encontrais, algumas vezes, grandes virtudes. São espíritos que tiveram força de resistir e, ao mesmo tempo, a missão de exercer uma boa influência sobre seus semelhantes".

Todo vício é consequência do aprisionamento da alma, fugindo de alguma realidade. Para viciar-se, foi preciso muita insistência, até que os neurônios se adaptassem à nova situação, criando um hábito vicioso. Vale a pena repetir: "Se acionarmos repetidamente as redes neurais, os hábitos ficam cada vez mais estruturados no cérebro e se tornam difíceis de mudar. À medida que uma conexão é usada muitas vezes, ela fica mais forte, mais estabelecida. Isso pode ser uma vantagem – uma aprendizagem –, mas torna mais difícil a mudança de comportamentos indesejáveis". [184]

Para nos livrarmos do sofrimento, devemos nos conscientizar de que estamos apenas 'provisoriamente' em desarmonia com a Lei de Deus, perfeita, imutável. A técnica é alinharmo-nos com as vibrações da Lei, emitindo pensamentos positivos, com novos 'desenhos' que manifestem, em nossa intimidade, um ser sem vício algum, trocando ideias malsãs por outras alegres e saudáveis. Com o tempo, pelo 'desuso', os hábitos irão se enfraquecendo, de tal sorte que iremos, gradativamente, 'deletando-os', da rede neural, trazendo, por consequência, saúde ao corpo.

---

182 XAVIER, Francisco Cândido/Emmanuel, *Justiça Divina.*
183 KARDEC, Allan. *O Livro dos Espíritos*, questão 645.
184 ARNTZ William e outros. *Quem somos nós?*

Ao escrever sua oração, manifeste fé na potência divina de que você é portador. Ensina Jesus, citando o salmo 82:6: "Vós sois deuses". A centelha divina, com suas leis eternas e imutáveis, está presente em nós, eternamente. Não existe Deus "lá e nós cá". Por isso, tudo acontecerá em nossa vida à medida que deixamos de "pensar" em Deus, como algo 'fora' de nós mesmos. Não existe separação entre a matéria e o espírito. A verdade é que somos manifestação de Deus. Essa potência intrínseca é o Eu Divino, atuando sempre através de Leis Divinas ou Naturais, presentes em toda criatura; elas são eternas, perfeitas e imutáveis, não agasalhando vício algum.

Atente para um detalhe fundamental: nossa essência NÃO TEM VÍCIOS. Estes são criação do ego, em razão do livre-arbítrio. O vício pode, no entanto, ser extirpado, no momento que, pela vontade, assim o desejarmos. É óbvio, todavia, que esta mudança não é instantânea, mas acontece por força da persistência do próprio detentor do vício. Acredite, se você realmente quiser vencer o vício, esforçando-se, dando o melhor de si, no tempo devido, você se tornará uma pessoa livre. Mas, por mais que você acredite que a mudança seja efetuada por alguma força exterior – de fora para dentro –, ela será por decisão livre e soberana, própria de você mesmo.

Saliente-se, no entanto, caso o viciado já esteja numa situação de dependência química com relação às drogas, está comprovado que ele não consegue abandonar o vício de forma individual. O dependente químico precisa de apoio social, profissional e espiritual. Assim, necessita de um centro de reabilitação, onde tenha assistência de apoio o tempo todo. Mas está provado que, ao lado de todo trabalho profissional, o componente espiritual é peça chave fundamental para a recuperação. A oração contínua e a confiança em Deus são imprescindíveis para a reintegração à vida social, além de trabalhar mentalmente, dizendo que a vida de vícios, agora pertence ao passado. Mentalizar uma vida nova, convicto de que há um

Poder maior e que uma vez sintonizado, a 'Água da Vida', proposta por Jesus à samaritana fluirá saúde, alegria e felicidades pelos canais mentais.

A imperfeição do espírito bloqueia a sintonia com Deus, presente na consciência. Não basta ignorar os nossos erros, já que, uma vez gravados no subconsciente, continuam tendo força, ao invés de desaparecer. A psicologia ensina que um mau pensamento gravado e esquecido, mas sedimentado no subconsciente, pode acarretar doenças. A felicidade prende-se à perfeição relativa, isto é, à purificação do espírito. Toda imperfeição é, por sua vez, causa de sofrimento e de privação de gozo, do mesmo modo que toda perfeição adquirida é fonte de gozo e atenuante de sofrimentos. Se o Reino de Deus, presente em nossa intimidade, estiver encoberto pelas imperfeições, não há possibilidade de alinhar-nos com o Absoluto e usufruir da perfeição. Vamos trabalhar para mudar? Depende apenas de seu querer ser livre e feliz, sem prisão alguma. Escreva algo em torno da sugestão abaixo, e ore todos os dias, crendo que você está libertado das viciações. Não pare até que as coisas aconteçam...

Vivo em harmonia com as Leis Divinas. Sou livre de vícios de qualquer natureza, pois estou conectado com a saúde e felicidade perfeitas. Manifesto-me, como canal de Deus, num corpo perfeito. A energia de Deus flui através de mim, trazendo-me a paz, a harmonia e a libertação de qualquer vício. Sou dotado de forças divinas que me despertam cada vez mais para a harmonia do Universo.

4

PRATICANDO PERDÃO

O perdão deve ser entendido como a paz de consciência, obtida por nós mesmos,
ao perdoarmos, na mesma proporção, os nossos devedores.
***O segredo das bem-aventuranças**, lição 23*

ASSUNTO DOS MAIS polêmicos e que merece uma análise mais profunda e racional é a questão do perdão. De um modo geral, ele tem sido tratado de forma inocente, simplista e até superficial. "Basta pedir que Deus sendo misericordioso, nos atende", dizem alguns religiosos. Tem-se a ideia de uma concessão *gratuita,* sem qualquer mudança interior, por um Deus *antropomórfico*. Não existe perdão divino, sem a correspondente mudança comportamental. As religiões, em sua grande maioria, trabalham com o perdão *gratuito*, desde que o crente pratique determinadas cerimônias – dogmas daquela crença – *e não deixem de pagar o dízimo (aí está o "esforço" exigido)*. Atender, pura e simplesmente, porque alguém orou pedindo, que se seja perdoado em seus "pecados", mantendo-se, porém, alheio às mudanças comportamentais necessárias, é o mesmo que pedir a Deus, a luz, mantendo-se de olhos fechados, ou querer desvendar o mundo permanecendo numa sala totalmente fechada. É preciso abrir os olhos para enxergar a luz.

O perdão é sempre ato de conquista, pela renovação de atitudes, de busca de evolução. Constrói-se, passo a passo, num processo de melhoria íntima, infinitamente. A bem da verdade, não existe o perdão de Deus, no sentido como se entende. Deus age, invariavelmente, através de leis perfeitas e imutáveis. E a Lei (Universo) não se 'ofende' com nada, ela responde a favor da criatura. O erro é legítimo, como processo de aprendizagem. É através dele que cada um corrige a si mesmo. Os atos contrários às Leis Naturais (ou Divinas) levam a criatura, no tempo próprio, pelos princípios de causa e efeito, a corrigir-se, aprendendo. Eis aí o perdão, segundo entendemos. Quem perdoa, na realidade, é a própria criatura, no momento em que volta a equilibrar-se, por vibrações do Universo, após ter aprendido com a escolha incorreta. A mutação de sentimentos e atitudes é inconcebível em Quem é imutável e impessoal. Então, em se tratando de ofensa, o melhor é *relevar*, ou seja, *deixar passar*, não dar importância, não levar em conta, não registrar. Quando, na oração do Pai Nosso, pedimos *que seja feita a Sua vontade* e *não a nossa*, estamos desejando que nossas ações contrárias a essa vontade – que são as Leis de Deus na consciência – se modifiquem, em concordância com Ele.

Na oração do perdão, não pode a alma reter qualquer mágoa ou ressentimento no coração. Quando não se alcança o almejado, apesar de orar fervorosamente, às vezes, há uma causa mental oculta: não se perdoou a alguma pessoa. Quando odiamos alguém, esse ódio se infiltra em nosso subconsciente e, mesmo que o esqueçamos no consciente, ele continua latente. Tendo ódio no subconsciente, a oração torna-se inútil, ainda que seja fervorosa. Portanto, é necessário, antes de orar por algo, fazer oração de perdão. Quem perdoa é perdoado. Ensina-nos Jesus: "E, quando estiverdes orando, perdoai se tendes alguma coisa contra alguém, para que vosso Pai, que está nos céus, vos perdoe as vossas ofensas. Mas, se vós não perdoardes, também vosso Pai, que está nos céus, vos não perdoará as vossas ofensas".[185]

E disse mais o mestre, a respeito dessa mecânica da oração: "Portanto, se trouxeres a tua oferta ao altar, e aí te lembrares de que teu irmão tem alguma coisa contra ti, deixa ali diante do altar a tua oferta, e vai reconciliar-te primeiro com teu irmão e, depois, vem e apresenta a tua oferta".[186] E os espíritos disseram a Kardec,[187] com respeito ao pedido de perdão a Deus, em nossas preces: " [... a prece não esconde as faltas. Aquele que a Deus pede perdão só o obtém **mudando de proceder**]". **(Grifei)**. Ratificando, pois, nossa afirmação. O perdão, na realidade, é algo que cada um realiza, perante o tribunal da própria consciência.

O espiritismo veio oferecer-nos uma visão melhor a respeito do tema, mostrando-nos que este ato de fraternidade é também uma atitude inteligente. Quem perdoa consegue eliminar as cargas emocionais negativas que agem como verdadeiros inimigos internos de nossa felicidade. O maior beneficiário do perdão é a própria criatura, que, desta forma, consegue higienizar o coração de detritos emocionais negativos, que lhe impedem a paz e a felicidade. Quem não perdoa adoece!

O perdão *é paz consigo mesmo*, pela limpeza íntima, dos detritos mentais. Só *os puros de coração verão a Deus*. Quer dizer: ao desenvolvermos a pureza de coração, preparamos o caminho ascensional renovador, que se inicia em nós mesmos, e tem como direção o próximo. Assim procedendo, abrimos espaço em nossa casa íntima para a conexão com Ele. "Pai, perdoa as nossas dívidas, *assim como* perdoamos os nossos devedores. Vale repetir que o perdão, neste caso, deve ser entendido como a paz de consciência, obtida por nós mesmos, ao perdoarmos, na mesma proporção, aos nossos devedo-

---

185 Mc. 11:25-26.
186 Mt. 5:23-24.
187 KARDEC, Allan. *O Livro dos Espíritos*, questão 661.

res". Perdoando, voltamos à paz interior, criamos condições psíquicas para que alcancemos o que desejamos, não pela 'graça divina', mas pela própria mudança de atitude.

Outro detalhe importante: Quando falamos em perdão a todas as pessoas, incluímos aí, o perdão a nós mesmos. Muitos, às vezes, se tornam algozes de si mesmos, diminuindo-se, desvalorizando-se. Não sendo condescendentes consigo, diante dos equívocos cometidos, vivem presos dentro de si, num processo de culpa atroz, que impede a harmonização com Deus.

A maior linha divisória entre as criaturas é fruto das crenças sobre Deus. Nas orações tem-se invertido o papel da responsabilidade entre a criatura e Deus, influenciadas pelo paradigma judaico-cristão, em que Deus se constitui em algo externo à criatura, ora proibindo, ora autorizando, ora castigando, ora perdoando, ora atendendo preces, ora silenciando. Toda ideia de que "Deus está lá fora" e "nós cá", separados d'Ele, é interpretação imperfeita. Não podemos mais imaginá-Lo, externamente, como 'pessoa', embora respeitemos os que O imaginem assim. Assim, prostrarmo-nos em súplica, pedindo *perdão* a um Deus externo, é fugir da nossa responsabilidade para com o afrontado. Ser perdoado, na realidade, é voltar à harmonia com as leis da consciência, após as correções com a pessoa ofendida.

No paradigma espírita, tudo está baseado na "consciência", que, pelo livre-arbítrio, está isento de qualquer intercessão de um Deus externo, separado de nós. Este dualismo é milenar: um Deus pessoal a quem curvamos a cerviz para pedir. Emmanuel diz que somos "pedinchões inveterados". Pedimos a interferência de Deus na solução dos problemas, mas sem qualquer esforço de mudança comportamental, é enganar a nós mesmos. Precisamos passar a ver Deus como parte de nossa vida, deixando de procurá-Lo, lá fora. A transformação de que tanto precisamos somente acontecerá quando assim o fizermos, isto é, repetindo, quando deixarmos de procurar Deus "fora de nós" mesmos. Deus não vive lá nas alturas, nas nuvens, esperando que você chegue a um utópico Céu, para que Ele se revele. Ele repousa dentro de cada experiência que você tem, e assim deve ser encontrado, dentro de cada ação, cada pensamento, cada sentimento, cada respiração. Reconhecer a centelha divina que nos anima, traz Deus à Terra e corrige a separação entre a matéria e o espírito, que é a causa de nosso sofrimento. Não copie, mas escreva o que você sente na alma em relação ao perdão. A oração é apenas uma sugestão.

Eu me amo. Portanto, perdoo e me liberto totalmente do passado e de todas as experiências passadas. Eu estou livre.

Eu me perdoo pelas falhas cometidas para com o meu semelhante.

As mágoas desapareceram do meu coração e só há Luz e Paz em minha vida.

Sou semente divina e tenho por destino a felicidade.

Eventuais ofensas que recebo, são testes para o meu crescimento.

O amor, a paz e a harmonia de Deus envolvem a mim e ao ofensor. Eu sou um com Deus.

Por isso perdoo e amo a todas as pessoas.

O infinito amor de Deus que preenche-me o ser, perdoa e ama a todas as pessoas.

Perdoo, verdadeiramente, as ofensas recebidas. Não guardo mágoa ou ressentimento contra ninguém.

Somos todos "um com Deus" e, eventuais desarmonias emocionais são provisórias, porque avançarei em amor gradativamente.

> Gravito para a unidade divina, encontrando sempre mais amor e felicidade...

Durante a oração do perdão, visualize a pessoa que precisa perdoar, ou ser perdoada. Expresse cada palavra com sinceridade e emoção. Sinta que você está perdoando, ou que está sendo perdoado. As energias mentais que você emana entram em sintonia com a pessoa em quem você está pensando. De acordo com a física quântica, estamos todos interligados no Universo, bastando tão só sintonia vibratória.

5

CONQUISTANDO A FELICIDADE NO LAR

O LAR, NA Terra, é a primeira escola de educação da alma, onde se congregam Espíritos nas diversas funções, nascendo 'transitoriamente' a cada existência, ora como pai, ora como mãe, ora como filho, ensejando o aprimoramento dos valores eternos, que todos carregam em forma de potencialidade divina. Muitas vezes, são Espíritos afins que se encarnam numa mesma família, tendo palmilhado, em existências anteriores, as mesmas experiências e que agora voltam ao cenário terreno para dar continuidade aos objetivos já iniciados, auxiliando-se mutuamente, na execução das tarefas a serem desenvolvidas. Doutras vezes, pode ocorrer também que estes espíritos sejam completamente estranhos ou desafetos uns dos outros, divididos por antipatias igualmente anteriores, que se traduzem, da mesma forma, por seu antagonismo na Terra, para lhes servir de prova. Aqui na Terra, acredito que **a família é o maior exercício para o desenvolvimento afetivo.** É **nela que podemos semear** amor, compreensão e entendimento no campo do coração, **numa real fraternidade.** "Na **perfeita identificação das almas**, o amor produz a bênção da felicidade **em regime de paz"**. [188]

---

188 FRANCO, Divaldo Pereira/ Joanna de Ângelis. *Convites da vida.*

Nunca nos esqueçamos, porém, de que o lar, mesmo quando assinalado pelas dores decorrentes do aprimoramento das arestas dos que o constituem, é oficina purificadora, onde se devem trabalhar as bases seguras da Humanidade de todos os tempos. É óbvio que, nesta empreitada, em razão da diferença de maturidade espiritual, muitos lares vivem em contínuo desentendimento, trazendo dores, sofrimentos e dificuldades, necessitando do equacionamento de todos os problemas que grassam entre os seus membros.

Surgem ainda, no relacionamento familiar, espíritos que se encontram pela primeira vez, em experiência comum, no instituto doméstico. Matriculados no lar, desenvolvem, em grau relativo pela convivência grupal, os valores morais, gérmen para a harmonia em vida de sociedade. No entanto, por serem ainda "desconhecidos" entre si, tudo pode acontecer, dependendo, obviamente, da evolução espiritual de cada um. "Quando se desajusta, a sociedade se desorganiza; quando se estiola, a comunidade se desagrega; quando falha, o grupo a que dá origem sucumbe. Santuário dos pais, escola dos filhos, oficina de experiências, o lar é a mola mestra que aciona a humanidade".[189]

É no lar que "caldeiam-se os sentimentos, limam-se as arestas da personalidade, acrisolam-se os ideais, santificam as aspirações, depuram-se as paixões, e formam-se os caracteres, numa depuração eficiente para os embates inevitáveis que serão travados, quando dos relacionamentos coletivos da comunidade. Isso, porém, ocorre, quando o lar estrutura-se sobre os alicerces ético-morais dos deveres recíprocos, cimentado pelo amor e edificado com o material da compreensão e do bem". [190]

No entanto, sem o "vigiai e orai", ensinado por Jesus, os membros do lar desequilibram-se, sucumbindo os objetivos nobres e a harmonia se desmorona facilmente, dando azo ao surgimento de agressões e beligerância contínua pela sucessão. Como medida

---

189 Idem, ibidem. *Após a tempestade.*
190 Idem, ibidem. *Terapêutica de emergência.*

preventiva, é preciso, desde cedo, instalar no instituto doméstico o 'Culto do Evangelho do Lar', que se caracteriza por encontros fraternais, onde se cultivam leituras saudáveis, educativas e de forte cunho moral. No espiritismo, tem-se aconselhado aos seus profitentes a utilização desta prática, como recurso eficiente na solidificação dos valores eternos. Em horários e dias fixos, a família se reúne para leitura e reflexão de textos evangélicos. Quem cultiva o Evangelho em casa, faz dela um templo de amor.

Por essa razão, valorizemos esse refúgio seguro no qual passamos a maior parte de nossas vidas, valorizando também aqueles que compartilham conosco desse pequeno oásis e fazendo com que ele possa ser um verdadeiro porto seguro, mesmo diante das adversidades enfrentadas, pois, na realidade, tudo isto aparece, no roteiro da vida, como testes de aprendizagem.

Eu me amo. Portanto, dou-me um lar confortável, que atende minhas necessidades e onde sinto o prazer de morar. Encho seus cômodos com a vibração do amor, e assim, todos que neles entram, eu inclusive, sentem esse amor e por ele são nutridos.

Nosso lar está sob a égide das Leis de Deus, dada a permanente sintonia com as energias do Universo.

Respiramos o hálito divino que se espalha pelos canais mentais, trazendo saúde, paz e alegria a todos os membros da família, expelindo todas as vibrações negativas que possam turbar a atmosfera de felicidade.

Mesmo que surjam desarmonias, temo-las como mecanismos momentâneos de aprendizagem.

Confio nas Leis sábias do Universo porque cultivo o coração feliz, *orando e vigiando* em constante ligação com o Universo, atraindo vibrações divinas em nossa psicosfera mental.

Por isso, vivemos, no lar, uma família feliz, em perfeita harmonia com as vibrações do Universo.

Todos os membros da família respiram a tranquilidade, e, em serenidade, agimos, no trato com todos aqueles que partilham conosco da alegria do lar.

6

ELIMINANDO O COMPLEXO DE

INFERIORIDADE

O complexo de inferioridade só existe na mente. Não se esqueça de que você
é um com Deus e que tem força infinita.

GERALMENTE AS PESSOAS perguntam: "Como posso livrar-me de
meu complexo de inferioridade?" Talvez nada persiga e desespe-
re mais o ser humano do que o sentimento deformador, infeliz, de
ser pessoalmente inadequado. Você pode ser curado de tal tormen-
to, embora, provavelmente, ele o tenha feito sofrer desde a infância. Não é necessário encolher-se diante de ninguém nem de nada.
Com exercícios diários (lembra-se da força dos hábitos?), você pode
desfazer-se de um hábito que foi gravado em suas redes neurais.

O complexo de inferioridade é um empecilho para o desenvolvimento das potencialidades divinas. Sentindo-se inferior, não se
conseguem grandes êxitos na vida. É preciso eliminar o complexo
de inferioridade, deixando de sentir-se inferior. Na verdade, todos
somos iguais perante Deus, com suas Leis eternas e imutáveis, portanto, não existe pessoa inferior em nenhuma parte do Universo. **O**

complexo de inferioridade só existe na mente. Negue, terminantemente, todos os pensamentos de inferioridade relacionados a seus defeitos, pontos fracos, limitações, desarmonias, etc. Não se esqueça de que você é **um com Deus** e que tem força infinita. No momento em que despertar de manhã e na hora em que estiver adormecendo, ou ainda nos intervalos de trabalho, mentalize repetidas vezes frases de otimismo, afirmando que você é, pelas leis de Deus, igual a todos e tem as mesmas possibilidades. Atente-se que Deus que estabeleceu as Leis Naturais da mesma forma que "faz nascer o seu sol sobre maus e bons, e chover sobre justos e injustos"[191] não faz qualquer distinção de pessoas.

Assim, relacionamos algumas sugestões que podem ajudar você a eliminar o seu complexo de inferioridade.

* Desde manhã, ao iniciar suas atividades, crie um quadro mental de êxito. Dê um chute bem forte nas ideias de fracasso. O que você 'desenhar' na mente é o que vai acontecer. Lembre-se de que somos arquitetos do que pensamos. Como 'pensar é criar', desenhe na mente uma postura de vencedor.
* Se, eventualmente, surgir qualquer ideia negativa de incapacidade ou de fracasso, imediatamente, pare e 'desenhe' um pensamento positivo, a fim de cancelar o mal pela raiz. Sou 'um com Deus', portanto, para Deus tenho as mesmas potencialidades de todos.
* Como tudo está na mente, não dê espaço para ideias negativas que possam surgir por conta do hábito de pensar com inferioridade. As dificuldades expressas por sofrimentos sempre surgirão, mas devem ser enfrentadas como mecanismos de aprendizagem, nunca como pensamento de medo. Às vezes não é a dor que nos faz sofrer, são os pensamentos negativos que fazem as

---

191 Mt. 5:45-47.

coisas parecerem piores que realmente são.

- Não tente copiar ninguém, seja você mesmo. Você é único. Quando você copia alguém está desprezando a sua semente divina. Você é Deus em potência. O Universo não limita nada, somos nós que, por nos julgarmos inferiores, colocamos limites na abundância de que podemos colher.
- Crie uma frase para gravar na sua mente e repita-a, várias vezes ao dia, enaltecendo sua 'importância' para Deus. "Eu estou respirando toda força do Universo e Deus é esse amor infinito, que vive em mim", responde positivamente à minha criação mental.
- Compreenda que o complexo de inferioridade não pertence às Leis do Universo – elas são iguais para todos – mas sim, à mente que, um dia, pela insistência acatou esta inverdade, na maioria depositada desde a infância, por uma série de fatores: família, religião, escola, etc. Trata-se de um falsa verdade que se transformou em lei na mente.
- Repita várias vezes por dia: Eu e o Pai somos um. Sou, portanto forte, feliz e tenho todas as possibilidades, porque eu estou em sintonia com a Fonte divina, gravada em minha consciência.
- Projete na mente o que você deseja e acredite que o Universo conspira para que tudo seja realizado conforme sua imagem mental.

O passado já passou. Sou uma alma nova. Vivo plenamente o presente, vivenciando cada momento, como bom, e sabendo que meu futuro é brilhante, alegre e seguro, pois sou um canal de Deus. À medida que crio condições favoráveis, a Água Viva flui através de mim. Tenho os mesmos direitos que todos, perante as Leis do Universo. Sinto-me em igualdade de condições. Vejo-me sempre brilhando, porque sou recipiente de Deus. Todos os meus complexos de inferioridade se desfizeram, porque creio que sou portador

---

do potencial divino. Sendo 'semente' divina em evolução, sou excelente em todos os sentidos. Na essência, sou dotado de capacidade infinita, de sabedoria infinita e de amor infinito. Portanto, nada me é impossível, onde quer que eu esteja. Minha essência está se manifestando cada vez mais nitidamente também no mundo.

7

NECESSITANDO DE UM EMPREGO

O trabalho é ponto nevrálgico e imprescindível para o progresso do espírito.

O TRABALHO FAZ parte da Lei Natural. Toda natureza em seu conjunto, para consecução dos objetivos com as Leis do Universo, está em movimento contínuo, atividade e trabalho. A ciência demonstra que nada permanece inerte, tudo no Universo é ação, dinamismo e movimento. O trabalho é imprescindível para a evolução do espírito e, além de constituir-se num meio de conservação do corpo, aperfeiçoa a inteligência. Ademais, para a manutenção de um lar, exige-se, no mundo atual, em complexidade cada vez maior, que todos trabalhem: marido, mulher, filhos, etc. Assim entendendo, nada mais justo e necessário que todo ser tenha um emprego. Neste sentido, quando a criatura está desempregada, seja lá por qual motivo for, está em desarmonia, 'naquele período', com a Lei Natural, no que se refere ao trabalho.

Procurar outro emprego deve ser o objetivo primeiro, de quem está desempregado. Com este intuito, faça diariamente sua oração, antes de sair à procura do trabalho, mentalizando positivamente que, no tempo certo, o Universo trará aquele emprego de que você precisa. No entanto, não caia naquela de pensar o pior, emanando pensamentos negativos e pensando frases assim: "está muito difícil", "não vou conseguir outro emprego", "tudo está contra mim", "não sei o que vou fazer da vida". Agindo dessa forma, depositando na mente pensamentos negativos, aonde você acha que chegará? Está trabalhando de forma errada a sua mente. Lembre-se de que o Universo conspira a seu favor, pouco importando o que você deposita. Pelas leis do Universo, você tem direito de encontrar outro emprego, afinal você deve participar do progresso geral.

Neste sentido, tenha fé em seu poder divino, sem colocar dúvida, que tudo se normalizará. Mentalize que você está num novo emprego, adequado aos seus talentos e capacidades, e que, neste trabalho, tudo está transcorrendo de forma perfeita. Lembre-se de que você "tem o que pensa". Diz o texto bíblico que "**Tudo** que pedirdes em oração, crede que o recebereis, e tê-lo-eis".[192] Se tiver fé, como expressou Jesus, "do tamanho de um grão de mostarda", o seu desejo acaba, no tempo de cada um, acontecendo. Que simbologia maravilhosa do mestre sobre a semente! De uma pequena semente plantada na terra, colhe-se, no devido tempo, o fruto saboroso. O solo onde se planta a sementinha de nossos desejos é, simbolicamente, a terra mental. A semente é a nossa afirmação (desejos). Tudo que mentalizo está nesta sementinha. Você rega com as afirmações positivas. Ilumina-a com o sol dos pensamentos positivos. Limpa o jardim arrancando as ervas daninhas dos pensamentos negativos que sobem até a superfície. Quando você ora, protocola, no subconsciente, o seu pedido, da mesma maneira que a semente é semeada na terra.

Eis o que nos ensina, magistralmente, o espírito André Luiz,[193] referindo-se ao tema:

---

192 Mc. 11:24.
193 XAVIER, Francisco Cândido/ André Luiz, *Sinal verde*, cap. 24.

DESEJO

Desejo é realização antecipada.

Querendo, mentalizamos; mentalizando, agimos; agindo, atraímos; e atraindo, realizamos.

Como você pensa, você crê, e como você crê, será.

Cada um tem hoje o que desejou ontem e terá amanhã o que deseja hoje.

Campo de desejo, no terreno do espírito, é semelhante ao campo de cultura na gleba do mundo, na qual cada lavrador é livre na sementeira e responsável na colheita.

O tempo que o malfeitor gastou para agir em oposição à Lei, é igual ao tempo que o santo despendeu para trabalhar sublimando a vida.

Todo desejo, na essência, é uma entidade tomando a forma correspondente.

A vida é sempre o resultado de nossa própria escolha.

O pensamento é vivo e depois de agir sobre o objetivo a que se endereça, reage sobre a criatura que o emitiu, tanto em relação ao bem quanto ao mal.

A sentença de Jesus: "procura e acharás" equivale a dizer: "encontrarás o que desejas".

Escreva, então, sua oração, consignando toda a confiança de que você conseguirá o emprego, participando, assim, da mecânica das Leis Universais. Deste texto abaixo, formule os seus desejos.

Na infinidade da vida onde estou, o Eu divino, presente em mim, é perfeito, pleno e completo.

Bem no centro de meu ser existe uma Fonte infinita de amor. Agora deixo esse amor vir à tona. Ele me enche o coração, o corpo, a mente, a consciência, todo o meu ser, e irradia-se de mim em todas as direções, voltando a mim multiplicado.

Confio na Inteligência Suprema, presente em meu interior.

O meu pensamento, por meio de ondas mentais, está em sintonia com o Universo, de tal sorte que onde estiver o emprego, ele vai ser detectado.

Jesus afirmou que veio para ensinar as criaturas "terem vida e vida em abundância". Assim, oro, depositando o pedido de um emprego para o meu sustento e de minha família.

Visualizo felicidade e alegria, porque o emprego já está gravado pelas Leis do Universo. Ele me responde ao pedido.

Sou uno com o Universo, que tem em abundância para todos, inclusive para mim. Visualizo-me feliz, trabalhando.

Repita suas afirmações (a oração acima é apenas uma 'sugestão') várias vezes ao dia. Atente que 'semelhante atrai semelhante'... Deixe essas ideias imprimirem em seu subconsciente. Não se preocupe com o "como" vai conseguir, o Universo recebe e responde conforme você pensou...

8

ENCONTRANDO UM CÔNJUGE

O casamento, isto é, a união permanente de dois seres é um progresso na marcha da Humanidade.
O Livro dos Espíritos, questão 695

NINGUÉM, MAS, NINGUÉM mesmo, está credenciado, por 'ordem divina', a afirmar quem deve, nesta existência, casar ou não casar. Isto é uma decisão exclusivamente pessoal, pois faz parte do livre-arbítrio. E neste sentido, nem as Leis Naturais (que são chamadas de Leis Divinas) intercedem nas escolhas das criaturas. No terreno do livre-arbítrio, o espírito tem jurisdição própria, sem intercessão divina. Fizemos estes esclarecimentos, para contar um caso interessante, relacionado à aceitação, de forma cega, ao que os espíritos dizem, quando as mensagens não são da mente dos próprios médiuns. Certa ocasião fui procurado por uma jovem, que, por apresentar uma pequena deficiência numa das pernas, foi informada por uma 'médium' de consulta, em determinada casa espírita, que, nesta existência não nascera para o casamento, já que estaria cumprindo 'carma'. Veja que absurdo! Se nem as Leis interferem no livre-arbítrio, que poderes tem um médium, para tal afirmação? Veja, também, quantos males se podem causar a uma pessoa sem maturidade suficiente, ainda 'crente', se fosse ouvir a 'sabereta' espírita. Esses são os 'falsos profetas' a que Jesus se referiu.

Aconselhamos a consulente a orar com confiança sobre os desejos de encontrar um companheiro, que o Universo, no devido tempo, responderia ao seu pedido. Hoje, é casada, mãe de uma linda e inteligente menina, que é a alegria do lar. Hoje é mãe de outro filho. Então, veja o perigo de se aceitarem conselhos dos 'espíritos' ou dos próprios médiuns, como se exercessem 'mandatos divinos'. Vale recordar o alerta de Kardec, em *Obras Póstumas*: "Um dos primeiros resultados das minhas observações foi que os espíritos, não sendo senão as almas dos homens, não tinham nem a soberana sabedoria, nem a soberana ciência, que o seu saber era limitado ao grau de seu adiantamento, e que a opinião deles não tinha senão o valor de uma opinião pessoal. Esta verdade, reconhecida desde o começo, evitou-me o grave escolho de crer na sua infalibilidade e preservou-me de formular teorias prematuras sobre a opinião de um só ou de alguns".[194]

Então, aconselha-se que, se você quer encontrar a sua 'cara metade' (não estamos nos referindo à alma gêmea, tese contrária à doutrina espírita), nada pode impedir. Você é quem decide. Assim, prepare sua oração para que o seu desejo seja protocolado na mente. O que você projetar, com fé, e focar diariamente, não duvidando, é o que o Universo materializará no mundo objetivo. Assim como você ora para conseguir um emprego, safar-se de uma doença, eliminar o complexo de inferioridade, prosperar, o que há de mal, em desejar formar um lar? "A expressão 'casai e multiplicai-vos' expressa o objetivo da lei da reprodução para os seres humanos, pois para os seres anteriores da criação, isso ocorre de forma automática,

---

194 KARDEC, Allan. *Obras Póstumas*. Segunda parte: A minha iniciação no espiritismo.

por mecanismos imanentes, nos momentos do despertar do relógio biológico de cada ser". [195]

Alguém pode dizer que isso não deve constar nas suas orações. Pura bobagem! Temos dito, desde o início deste livro, que 'somos o que desejamos'. O pensamento é a usina geradora das energias mentais que fixa na mente a semente do que se deseja. O que pensamos com determinação é o que colheremos. Por isso, insistimos que a oração deve ser elaborada por você, porque ela deve ser a expressão de suas aspirações e não as dos outros.

Diz Louise L. Hay:[196] "Não aceite qualquer um, só para ter alguém. Estabeleça seu modelo. Que tipo de amor você quer atrair? Faça uma lista das qualidades que realmente deseja ter no relacionamento, desenvolva-as em você mesmo e verá como atrai uma pessoa que as possui. Examine também o que pode estar mantendo o amor afastado. Seria crítica? Sensação de ser indigno? Desejos pouco razoáveis? Imagens de artista de cinema? Medo de intimidade? A crença de você não merecer amor? Esteja pronto para o amor quando ele vier. Prepare o campo e apronte-se para nutri-lo. Sendo amoroso (a) você será amado (a). Esteja sempre aberto e receptivo ao amor".

Na cerimônia do casamento católico, o sacerdote diz, repetindo o texto 'atribuído' a Jesus, anotado por Marcos (10:9): "O que Deus ajuntou não separe o homem". Estas palavras devem ser entendidas com referência à união segundo as Leis Naturais (união dos sexos para procriação), que são imutáveis desde sempre, enquanto a lei civil atende os costumes de cada país. Uma baseia-se nas leis das afinidades que presidem a união pelo amor, enquanto a outra regulamenta as necessidades civis. Entendamos, pois, que 'Deus não disse nada'. Entenda-se como um sentido figurado esta afirmação, afinal, no espiritismo não se aceita o Deus pessoal, mas sim, uma Inteligência suprema e causa primária de todas as coisas. A frase é do próprio homem, como forma

---

195 Ver nosso livro, *Da moral social às leis morais*, item 3, Lei de Reprodução.
196 HAY, Louise L. *Você pode curar a sua vida*, cap. 10.

de impactar na mente do casal, a responsabilidade de fidelidade conjugal. Até aí tudo bem... Então, não existe a ideia de que Deus une as pessoas, já que estamos sob a égide das Leis Naturais, e cada um, pela conquista do livre-arbítrio, é que escolhe o que fazer ou não fazer. [197]

Assim sendo, você pode formar ou não uma família. Nada impede a escolha. Você é livre para safar-se de crenças negativas que lhe foram colocadas na mente, quase sempre por força das religiões, em que tudo é 'pecado', perante Deus. Neste sentido, formular orações para encontrar a "cara metade" nada tem de errado. É da lei da reprodução, inserida nas Leis Morais, que você é quem decide na construção de um lar. Imaginemos, numa ação surreal, que todos se mantivessem castos, o que seria da população? Não havendo procriação, os espíritos não teriam mecanismos de evolução e o mundo estacionaria. Diz Marcelo da Luz (ex. padre)[198] que "a prática celibatária é antifisiológica, pois a satisfação do desejo sexual é função tão vital ao organismo quanto os atos básicos de comer, beber e dormir".

O Universo é um computador. Ausência de dualidade. Ele não precisa ser operado. Está conectado, entrelaçado de tal forma que se amarrou a tudo que é criado por tudo. Ele não responde a nós – *ele é nós*. O modelo dualístico de carma determina: eu bati em Bob, portanto alguém vai bater em mim. É uma forma causa-efeito de ver esse fenômeno. Do ponto de vista do modelo não dualista, emaranhado é diferente. Ele diz que a ação ou pensamento (que são a mesma 'coisa') brotam de uma parte de nossa consciência. Existe uma certa frequência ou vibração associada à ação ou pensamento. Quando agimos, endossamos aquela realidade de modo que nos conectamos ao Universo pela frequência ou vibração associada. Tudo 'lá fora' com a mesma frequência responderá a ela, e será refletido em nossa realidade. (Esse é princípio pelo qual funciona toda trans-

---

197 Ler nosso livro *Da moral social às leis morais*. Cap. Lei da Reprodução.
198 Marcelo da Luz. *Onde a religião termina?*

missão/recepção. O transmissor e o receptor estão sintonizados na mesma frequência) e será refletida, na realidade, aquela realidade, de modo que nos conectamos ao Universo pela frequência ou vibração associada. De acordo com essa visão, tudo em nossas vidas – pessoas, lugares e coisas, tempos e acontecimentos – não são senão reflexos de nossas vibrações pessoais. De acordo com Ramtha: Tudo em sua vida tem a *frequência específica de quem você é.* [199]

Elabore, com suas palavras, uma oração em que você manifesta o desejo de encontrar a "cara metade". Abaixo, descrevemos um roteiro, que pode ser útil, para você elaborar sua própria oração, expressando, assim, a sua vontade.

Eu crio a minha realidade, como parte do Universo.

Estou protocolando em frequência vibracional com o Universo, o desejo de encontrar um cônjuge para, juntos, formarmos um lar.

Visualizo um cônjuge com as qualidades e virtudes que almejo, participando comigo nesta empreitada.

Visualizo, também, a presença dos filhos queridos.

Nada obsta o crescimento da semente que estou plantando na mente.

O Universo responde a tudo aquilo que crio, e, portanto, minhas vibrações mentais estão emitindo energias que sintonizam com um(a) companheiro(a) que esteja vibrando na mesma faixa vibratória de meus pensamentos.

Mantenho fé na consecução de meus objetivos, pois, afirmou Jesus, "Tudo é possível àquele que crê".

---

199 ARNTZ, William e outros. *Quem somos nós?*

9

SUPERANDO A INSEGURANÇA E O MEDO

Quando você nega a existência de Deus, surgem a insegurança e o medo. Ele está dentro de você, disponibilizando tudo em perfeição absoluta. Ligue-se à Fonte Maior e receba as energias puras da perfeição.

A INSEGURANÇA É um sentimento de mal-estar geral ou nervosismo que pode ser desencadeado pela percepção de si mesmo, ser vulnerável de alguma forma, ou por um senso de vulnerabilidade ou instabilidade que ameaça a própria autoimagem ou ego.[200] Uma pessoa que é insegura não tem confiança em si mesma, no próprio valor e em uma ou mais de suas capacidades; não tem confiança nos outros, ou teme que um estado positivo presente seja temporário e irá decepcioná-la e causar-lhe perdas ou sofrimento por "dar errado" no futuro. Este é um traço comum, o qual difere apenas em grau entre as pessoas.

Há algumas pessoas que parecem estar permanentemente andando na corda bamba, tal a insegurança que permeia seus passos no dia a dia. O ruim é que, muitas vezes, tal sentimento não só gera um desconforto diário, como atrasa, inviabiliza ou impede muitas realizações.

---

200 Do site www.ronaud.com

234 | JOSÉ LÁZARO BOBERG

Então, se você já se sentiu assim, 'prejudicado' por falta de confiança, está na hora de pensar sobre o assunto para mudar. E adivinhe por onde começar? Sim, pelo início de tudo, os primeiros anos de vida. "A capacidade do indivíduo de acreditar ou não em si mesmo depende de sua história. Os relacionamentos na infância com os pais ou cuidadores são fundamentais no desenvolvimento do **self** – o eu, a autoimagem", explica Cristiane Moraes Pertusi, (doutora em Psicologia do Desenvolvimento Humano pela Universidade de São Paulo–USP).

A maior ou menor insegurança tem a ver com o autoconceito ou autoimagem: o que ela acha que é, seja consciente ou inconscientemente é o que irá manifestar-se no relacionamento social. Isso envolve características físicas e psicológicas, pontos positivos e negativos, autoestima. Ela tem a percepção do próprio valor. A insegurança traz, a reboque, uma série de situações e sentimentos negativos. O sujeito, por exemplo, paralisa, quando tem que tomar uma decisão, encontra dificuldade de saber qual o melhor caminho a seguir, acredita que está sempre sendo julgado e criticado. "Enfim, não há confiança em si mesmo e, a partir daí, surgem vários 'medos': alguns específicos, como o de dirigir, e outros gerais, como o de enfrentar opiniões contrárias a sua", salienta Leonard F. Verea.[201]

É possível, também, que a insegurança leve o indivíduo a não se considerar merecedor de ser feliz ou alcançar objetivos e sonhos. "Ele acaba desenvolvendo crenças e valores que limitam seu olhar sobre si mesmo e sobre a vida. Daí para se autossabotar, ou seja, criar situações que bloqueiam sua felicidade, é um pulo", diz o psiquiatra. Além da influência dos primeiros anos de vida – conceitos que lhe foram transmitidos verbalmente ou por atitudes –, o quadro é agravado pelas condições da sociedade moderna. "Há muita com-

---

201 Médico psiquiatra formado pela Faculdade de Medicina e Cirurgia de Milão (Itália), especializado em Medicina Psicossomática e Hipnose Dinâmica, UOL, 01.12.12.

petição e exigência de que cada um seja perfeito em todas as áreas da vida. Como se isso fosse possível, e fazendo com que sejamos cobrados além de nossa capacidade".

A falta de autoconfiança é, no mínimo, limitante. O inseguro perde a oportunidade de conhecer e experimentar o novo – seja uma pessoa, um lugar, um desafio. Por não valorizar seu potencial e não identificar suas habilidades, ele se fecha em si mesmo. "Nessa, deixa passar possíveis parceiros interessantes, não enxerga uma boa chance de emprego, não se lança em estudos e viagens, não investe em projetos pessoais e profissionais – e assim por diante", considera Leonard Verea, acrescentando que tudo isso faz com que a pessoa se sinta infeliz, não fazendo o de que gosta e não buscando prazeres.

Há outro aspecto que ronda a insegurança: a dependência excessiva de pessoas e situações. "A opinião alheia influencia e direciona as ações. Existe uma real dificuldade de construir a vida com independência afetiva e até financeira. Dessa forma, fica travado o crescimento psicológico e social", destaca Cristiane Moraes Pertusi. E existe outro lado: como não confiam em si mesmos, alguns inseguros também não acreditam no outro. "E, aí, se tornam perfeccionistas ou controladores, pois esta é a única forma de se sentirem mais seguros".

A boa notícia é que tal sentimento é passível de modificação. Uma criança insegura pode se tornar um adulto seguro. "O caminho é se valorizar mais, acreditar no seu potencial, ir atrás do autoconhecimento", recomenda Verea. "Como o desenvolvimento psicológico e social é contínuo durante a vida, dá para melhorar o autoconceito e a autoestima. As relações experimentadas são como o oxigênio ou o ar que respiramos: se ele for bom e puro, construiremos nosso *self* positivo; se for poluído, trará distorções e prejuízos", completa Pertusi. Veja, a seguir, dicas de ambos os terapeutas para ter mais segurança:

Relacionamos abaixo, algumas dicas que podem tornar a pessoa mais segura[202]:

- Cultive o pensamento positivo. Avalie os bons aspectos da sua vida, valorizando-os. Ao mesmo tempo, considere o que você poderia aprimorar ou modificar para fortalecer-se em todos os sentidos.
- Confie em si mesmo. Isso, claro, requer autorreflexão e autoconhecimento. "Caso esteja se sentindo vacilante em seus relacionamentos e sua carreira, busque auxílio de um psicoterapeuta ou um instrutor".
- Corra atrás do autoconhecimento, recomenda Leonard Verea. "Observe quais sentimentos e pensamentos o levam à insegurança. E, ao descobrir, tente se lembrar quando foi a primeira vez que se viu assim. Talvez você perceba que é possível olhar para o fato de forma diferente".
- Não tenha medo de mudanças. E vá além: analise se alguma área está precisando de uma virada radical. Em caso positivo, liste ações que o ajudarão a melhorar o desempenho.
- Faça uma lista de suas qualidades e pontos fortes. "Trata-se de um ótimo exercício para encher o copo da autoestima", avalia Pertusi. Pense no que o faz ser único e especial, escreva e, se possível, fixe em um lugar visível para conferir sempre. "Identifique suas habilidades e as coloque em prática", completa Verea.
- Converse com pessoas que são importantes para você. Peça um feedback (realimentação) de seus pontos fortes. "Só depois solicite que falem dos aspectos que precisaria desenvolver", diz a psicóloga.
- Invista em relações afetivas positivas – amorosas ou de amizade –, que lhe façam bem e em que você é admirado.

---

202 Texto de Rosana Faria de Freitas, UOL, São Paulo, 01.12.2012, com as participações de Cristiane Moraes Pertusi, (doutora em Psicologia do Desenvolvimento Humano pela Universidade de São Paulo-USP) Leonard F. Verea, (médico psiquiatra formado pela Faculdade de Medicina e Cirurgia de Milão – Itália –, especializado em Medicina Psicossomática e Hipnose Dinâmica)

- Seja paciente e flexível consigo próprio e pare de se criticar por qualquer coisa. Não exija tanto de você; tenha tolerância e positividade em relação a seus pensamentos, não se martirizando à toa. "Não se menospreze ou se rebaixe. Em vez disso, modifique o que acredita não ser legal em você", sugere Leonard Verea.
- Não se leve tão a sério. "Você pode aprender com seus erros e reformular suas atitudes sempre que necessário", salienta Pertusi.
- Se necessário, procure apoio com psicoterapia e aconselhamento psicológico.

Dentre as Leis Naturais, uma é de fundamental importância para entendermos o instinto da busca de um ser superior. Sempre o homem, diante das adversidades, buscou um ser superior para amainar-lhe as fraquezas e tranquilizar-lhe o coração. É a lei da adoração. Achar que existe o que não existe, é ilusão. Enganar-se, admitindo existir aquilo que não existe é negar que Deus é onipotente e que toda a Sua Criação é bem, beleza e verdade. Quando você nega a existência de Deus, surgem a insegurança e o medo. A insegurança é a imagem momentânea que aparece, quando você duvida que é *um com Deus*. Mesmo que não O procure, Ele está dentro de você, disponibilizando tudo em perfeição absoluta. Basta conscientizar-se desta verdade. Ligue-se à Fonte Maior e receba as energias puras da perfeição.

> Dentro do meu Eu superior só existe aquela paz afirmada por Jesus "que o mundo não pode dar". A perturbação a que, às vezes, sou acometido, intranquilizando-me, é fruto da produção mental de meu ego. O límpido lago do interior de minha alma é sereno porque são as leis de Deus gravadas na consciência, refletindo apenas a perfeição. Estou em paz. A paz de Deus está dentro da minha alma. O que me

> perturbava a alma desapareceu para sempre. "Sou um com Deus", o qual é a minha própria vida. Aqui, neste momento, recupero a força e a coragem... E enfrento a vida e o trabalho, com absoluta e solene paz interior. Sendo um com Deus, nada pode perturbar a paz da minha alma. Nenhuma insegurança, nenhum medo pode encontrar residência em minha alma, porque estou sintonizado com a verdadeira Fonte, instalada em mim.

Cada desejo seu pode ser transformado em oração, sempre lembrando que "você é o que pensa". Assim, o que você deseja? Por seus pensamentos você será secundado pelos espíritos que simpatizam com essas disposições. **Peça e receba! O Universo conspira a seu favor!**

BIBLIOGRAFIA

Arntz William & Chasse Betsy & Mark Vicente. *Quem somos nós? A descoberta das infinitas possibilidades de alterar a realidade diária.* Trad. Doralice de Lima. 1ª ed. Rio de Janeiro, Prestígio, 2007.

A BÍBLIA DE REFERÊNCIA THOMPSON. Trad. João Ferreira de Almeida. 2ª ed. São Paulo, VIDA, 1992.

Boberg, José Lázaro. *A oração pode mudar sua vida.* 7ª ed. Capivari, EME, 2012.

_____. *Aprendendo com Nosso Lar.* 3ª ed. Capivari, EME, 2012.

_____. *Filhos de Deus, o amor incondicional.* 3ª ed. Capivari, EME, 2011.

_____. *Nascer de novo para ser feliz.* 5ª ed. Capivari, EME, 2013.

_____. *Há solução, sim!* 2ª ed. Santa Luzia, Editora Chico Xavier, 2012.

_____. *Leis de Deus, eternas e imutáveis.* 3ª ed. Capivari, 2012.

_____. *O código penal dos espíritos – A justiça do tribunal da consciência.* 6ª ed. Capivari, EME, 2013.

_____. *O evangelho de Tomé – o elo perdido.* 4ª ed. Santa Luzia, Editora Chico Xavier, 2013.

_____. *O poder da fé.* 5ª ed. Capivari, EME, 2013.

_____. *O segredo das bem-aventuranças.* 3ª ed. Capivari, EME, 2009.

_____. *Prontidão para mudança.* 2ª ed. Capivari, EME, 2006,

BONDER, Nílton. *Código penal celeste.* 4ª ed. Rio de Janeiro, Editora Campus, 2004.

FRANCO, Divaldo Pereira. *Visualizações terapêuticas.* Vols. 1 e 2, Salvador, IDEAL, 1991.

FRANCO, Divaldo Pereira. Espíritos diversos. *Terapêutica de emergência.* Salvador, Ed. LEAL, 1983.

FRANCO, Divaldo Pereira. Joanna de Ângelis (espírito). *Após a tempestade.* 5. ed. Salvador, LEAL, 2010.

_____. *Convites da vida.* 3ª ed. Salvador, LEAL, 2010.

_____. *Momentos de meditação.* 3ª ed. Salvador, LEAL, 1991.

_____. *Momentos de saúde e de consciência.* 2ª ed. Salvador, LEAL, 1991.

_____. *Vida feliz.* Salvador, LEAL, 2010.

GUIMARÃES, Luiz Pessoa. *Vademecum espírita,* 8ª ed. Catanduva, Boa Nova, 2011

HAY, Louise L. *Você pode curar sua vida.* 47ª ed. São Paulo, Editora Best Seller, 1988.

HOLANDA, Aurélio Buarque de. *Novo dicionário eletrônico,* UOL.

HOUAISS, Antônio. *Dicionário eletrônico Houaiss da língua portuguesa,* UOL.

MLODINOW, Leonard. *Subliminar – como o inconsciente influencia nossas vidas.* Trad. Cláudio Carina, 1ª ed. Rio de Janeiro, ZAHAR, 2013.

JEEVAN, Amoda Maa. *Como encontrar Deus em todas as coisas.* Trad. Rosamaria Gaspar Affonso, 1ª ed. São Paulo, RAI, 2012.

KARDEC, Allan. *A Gênese.* Trad. Victor Tollendal Pacheco. Apresentação e notas de J. Herculano Pires. 20ª ed. São Paulo, LAKE, 2001.

_____. *O Céu e o Inferno.* Trad. Manuel Justiniano Quintão. 54ª ed. São Paulo, FEB, 2004.

_____. *O Evangelho segundo o Espiritismo.* Trad. João Teixeira de Paula. Introdução e notas de J. Herculano Pires. 12ª ed. São

Paulo, LAKE, 1990.

_____. *O Livro dos Espíritos.* Trad. Evandro Noleto Bezerra. 1. ed. Comemorativa do Sesquicentenário, Rio de Janeiro, FEB, 2006.

_____. *O Livro dos Médiuns.* 76ª ed. Rio de Janeiro, FEB, 2005

_____. *Obras Póstumas.* Trad. João Teixeira de Paula. 12ª ed. São Paulo, LAKE.

_____. *Revista Espírita – Jornal de estudos psicológicos.* Vols. 1866 e 1868. Trad. Júlio Abreu Filho. 1ª ed. São Paulo, Edicel, 1977.

Koenig Harold Gerald, *Medicina, religião e saúde.* Trad. Iuri Abreu. 1ª ed. Porto Alegre-RS, L&PM Editores, 2012.

Lipton, Bruce H. *Biologia da crença.* Trad. YmaVick. São Paulo, Butterfly Editora, 2007.

Luz, Marcelo da. *Onde a religião termina?* Prefácio de Waldo Vieira. 1ª ed. Foz do Iguaçu, 2011.

Ostrander, Nancy & Ostrander, Sheila. *Essência da visualização.* São Paulo, Martin Claret, 1997.

Pastorino, Carlos Juliano Torres. *Sabedoria do evangelho.* Vol. 1. Rio de Janeiro, Sabedoria, 1964.

Rohden, Huberto. *Sabedoria das parábolas.* 5ª ed. São Paulo, Martin Claret, 1995.

_____. *Cosmoterapia.* 2ª ed. São Paulo, Martin Claret, 1995.

Schulz, Kathryn. *Por que erramos?* Trad. Tina Jeronymo. 1ª ed. São Paulo, Larousse, 2011.

Taniguchi, Masaharu. *A verdade e orações.* 3ª ed. São Paulo, SNI, 1991.

Vieira, Waldo & Xavier, Francisco Cândido. André Luiz (espírito). *Evolução em dois mundos.* 25ª ed. Rio de Janeiro, FEB 2010.

_____. *Mecanismos da mediunidade.* 12ª ed. Rio de Janeiro, FEB, 1991.

Xavier, Francisco Cândido. André Luiz (espírito). *Agenda cristã.* 32ª ed. Rio de Janeiro, FEB, 1996.

_____. *No mundo maior.* 26ª ed. Rio de Janeiro, FEB 2009.

_____. *Nosso Lar.* 60ª ed. Rio de Janeiro, FEB 2011.

_____. *Sinal verde.* Uberaba, CEC, 2012.

XAVIER, Francisco Cândido. Emmanuel (espírito). *Caminho, verdade e vida*. 16ª ed. Rio de Janeiro, FEB, 1994.

_____. *Fonte viva*. 19ª ed. Rio de Janeiro, FEB, 1994.

_____. *Justiça Divina*. 6ª ed. Rio de Janeiro, FEB 2008.

_____. *O consolador*. 16ª ed. Rio de Janeiro, 1992.

_____. *Palavras de vida eterna*. 16ª ed. Uberaba, 1995.

_____. *Pão nosso*. 16ª ed. Rio de Janeiro, FEB, 1994.

_____. *Pensamento e vida*. 9ª ed. Rio de Janeiro, FEB, 1991.

_____. *Vinha de luz*. 12ª ed. Rio de Janeiro, FEB, 1993.

DO MESMO AUTOR

Seja você mesmo – O desafio do autodomínio
José Lázaro Boberg
Autoajuda • 14x21 cm • 200 pp.

O advogado José Lázaro Boberg afirma que Deus existe dentro de cada uma das Suas criaturas.

Quando o ser humano se conscientizar de sua força interna e buscar dentro de seu mais profundo eu os elementos para sua ascensão espiritual, conseguirá dar um salto em sua caminhada evolutiva.

A oração pode mudar sua vida
José Lázaro Boberg
Doutrinário • 14x21 • 280 pp.

Será que a oração pode mesmo mudar minha vida? Mas como? Esses e outros questionamentos são esclarecidos minuciosamente pelo autor Boberg, que consegue nos explicar, de uma maneira simples, como a oração pode nos favorecer no trilhar do caminho sinuoso da vida terrena.

O Código penal dos espíritos
José Lázaro Boberg
14x21| 192 páginas

Explica "o segredo" da 'lei de atração', pela visão espírita. Segundo o autor, "Deus é uma força magnética, atraindo a todos à medida que o espírito atinge a perfeição. Jesus nos ensinou a procurar Deus dentro de nós". Esclarece que não é Deus quem julga, mas "a justiça do tribunal da consciência".

DO MESMO AUTOR

O Evangelho Q
José Lázaro Boberg
Doutrinário • 16x23 • 280 páginas

"Não se deve desprezar ninguém. O mais humilde é aquele de quem mais precisamos. E o reino dos céus é feito dos mínimos, mas que por seu amor e sabedoria produzirão muito. Nós somos esse grão de mostarda que irá crescer e se tornar luz. É esse o sentido que Jesus dava ao dizer 'Vós sois luzes', 'Vós sois deuses'."

O evangelho de Judas
José Lázaro Boberg
Estudo • 14x21 • 208 páginas

Um trabalho audacioso onde José Lázaro Boberg faz uma análise crítica da vida de Judas Iscariotes baseando-se nos recém-descobertos escritos denominados evangelho de Judas. O autor reflete sobre o verdadeiro papel deste apóstolo na passagem de Jesus pelo planeta Terra. Afinal, Judas é um traidor ou um herói?

Seja feita a sua vontade – A força do querer
José Lázaro Boberg
Estudo • 14x21 cm • 176 pp.

Com exemplos do cotidiano, o autor desvenda uma possibilidade instigante – a capacidade de sempre poder ser o autor da própria vida – fazendo dela uma trajetória de sucesso ou uma parada em sua escalada evolutiva se não se propuser a assumir o controle e a direção da sua caminhada atual.

CONHEÇA TAMBÉM

A Saga de dois irmãos
Wanda A. Canutti – Eça de Queirós (espírito)
Romance mediúnico • 14x21 • 280 páginas

Neste livro de Eça de Queirós, através da mediunidade de Wanda A. Canutti, teremos a oportunidade de acompanhar a trajetória de Miguel e Pedro, dois espíritos a caminho da evolução. Eles renascem como irmãos, herdeiros de grande propriedade rural, com imensas responsabilidades, pois de seu trabalho depende a vida de muitos outros seres igualmente reencarnados para o aprimoramento espiritual.

Do mar ao infinito
Pedro Santiago – Dizzi Akibah (espírito)
Romance mediúnico • 16x22,5 • 312 páginas

Stevens é um jovem rico que não se adapta à vida de sua família e nem tampouco se interessa pelos negócios dos pais. Inconformado com as atitudes do filho, seu pai o expulsa de casa e Stevens se vê, de uma hora para outra, despojado de tudo que possuía. Desesperado e sem perspectiva, não tendo sequer onde morar, busca o mar, onde pretende dar fim à sua existência, para ele tão infeliz.

O Verdadeiro Amor Liberta
Lia Márcia Machado – Helena Lins (espírito)
Romance mediúnico • 15,5x21,5 • 320 páginas

Em sucessivas encarnações, Helena Lins, alma rebelde, obstinada, lutou para fazer valer vontades e sentimentos egocêntricos. Porém, somos criaturas destinadas à perfeição, assim Helena e todos nós, caminhantes da jornada do progresso, haveremos de alçar voos mais elevados, na medida em que consigamos libertar-nos desta roupagem incômoda e pesada de nossos vícios e imperfeições. E, então, conheceremos o verdadeiro amor, o amor que liberta.

CONHEÇA TAMBÉM

Governador da Terra
Juliano P. Fagundes
Estudo • 14x21 cm • 256 pp.

Estudo aprofundado sobre as últimas revelações trazidas por cientistas, pesquisadores, historiadores, arqueólogos e os Espíritos Superiores sobre a vida, a obra e o contexto do mundo em que viveu o Mestre Nazareno.

Ideias para jovens
Francisco Cajazeiras
14x21 • 176 páginas

Com linguagem clara e moderna, o autor destes textos para a juventude vai direto ao ponto ao tratar dos questionamentos que naturalmente afloram nesta fase de transição da vida, a adolescência. Sem ser rebuscado, busca conversar com seu jovem leitor sobre os grandes temas que agora se apresentam como desafios para essa fase de transição.

Tardes com Alice
Ana Maria Couto de Sousa
15,5x22,5| 112 páginas

As tardes eram luminosas na casa de Alice. Aos seus filhos, se juntavam alguns amigos adolescentes, em conversas sobre suas dúvidas juvenis, sua ansiedade sobre o futuro, sobre a origem da vida – à luz da visão espírita. O que no princípio eram conversas informais, sem perder a espontaneidade, se transformou em encontros espirituais de um grupo cada vez maior...

CONHEÇA TAMBÉM

Memórias do padre Germano
Amália Domingo Sóler (organizadora)
Romance mediúnico • 15,5x22,5 cm • 368 pp.

Inspirador e comovente, *Memórias do padre Germano* é o inestimável diário de um sacerdote que soube honrar sua missão na Terra, servindo, em nome de Deus, a todos aqueles que cruzaram seu caminho.

Às portas da regeneração
Juliano P. Fagundes
Estudo • 15x22,5 cm • 272 páginas

Os assuntos sobre o nosso futuro apresentados neste livro falam de possibilidades, já que a humanidade ainda tem diversos problemas a resolver. O que significa que ainda podemos todos ser parte da solução.

O cristianismo nos romances de Emmanuel
Donizete Pinheiro
Estudo • 15,5x22,5 cm • 320 pp.

Donizete Pinheiro reúne as informações de Emmanuel colhidas na espiritualidade e acrescidas de suas próprias experiências narradas em seus romances históricos, permitindo uma ampla compreensão das origens do cristianismo, bem como as lutas dos cristãos primitivos que garantiram a subsistência da Boa Nova até a chegada do espiritismo.

CONHEÇA TAMBÉM

Milena
Denise Corrêa de Macedo
Romance mediúnico • 15,5x22,5 cm • 256 pp.

"Irmãos, compreendam essa história como um grito de liberdade, como um clamor por justiça. Mulheres! Reflitam sobre si mesmas, a condição em que vivem, os valores que alimentam".

Este é o brado de *Milena* que vem, através da psicografia de Denise Corrêa de Macedo, nos contar sua sofrida, porém bela história de amor, vida e superação na encarnação que viveu como "senhora de fazenda".

Getúlio Vargas em dois mundos
Wanda A. Canutti • Eça de Queirós (espírito)
Romance mediúnico • 16x22,5 cm • 344 pp.

Getúlio Vargas realmente suicidou-se? Como foi sua recepção no mundo espiritual? Qual o conteúdo da nova carta à nação, escrita após sua desencarnação? Saiba as respostas para estas e outras perguntas, agora em uma nova edição, com nova capa, novo formato e novo projeto gráfico.

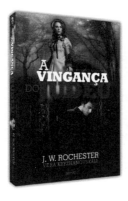

A vingança do judeu
Vera Kryzhanovskaia • J. W. Rochester (espírito)
Romance mediúnico • 16x22,5 cm • 424 pp.

O clássico romance de Rochester agora pela EME, com nova tradução, retrata em cativante história de amor e ódio, os terríveis fatos causados pelos preconceitos de raça, classe social e fortuna e mostra ao leitor a influência benéfica exercida pelo espiritismo sobre a sociedade.

Não encontrando os livros da **EME** na livraria de sua preferência,
solicite o endereço de nosso distribuidor mais próximo de você através de
Fones: (19) 3491-7000 / 3491-5449
(claro) 9 9317-2800 (vivo) 9 9983-2755
E-mail: vendas@editoraeme.com.br – Site: www.editoraeme.com.br